NOUVELLE

CACOGRAPHIE.

DE L'IMPRIMERIE DE J. GRATIOT.

NOUVELLE
CACOGRAPHIE,

OU

EXERCICES SUR LES PARTICIPES ET LES
PRINCIPALES DIFFICULTÉS DE LA LAN-
GUE FRANÇOISE ; SUIVIS D'UN CHOIX
DE SUJETS DE LETTRES ET DE COMPO-
SITIONS PROPRES A FORMER LE STYLE
ET LE JUGEMENT DES ÉLÈVES.

PAR CHARLES-CONSTANT LETELLIER,
Professeur de Belles-Lettres.

ONZIÈME EDITION.

PARIS,

Chez
DE LE PRIEUR, Libraire, quai des
Augustins, n° 55 ;
LE PRIEUR, Libraire, rue des Mathurins
Saint-Jacques, hôtel de Cluny ;
CONSTANT LE TELLIER, Libraire, rue de Ri-
chelieu, n° 35.

1823.

Les ouvrages suivants de M. Charles-Constant
LE TELLIER sont adoptés pour l'usage des
Demoiselles élèves de la Maison royale de
Saint-Denis et des autres Maisons des
Ordres royaux :

1° Nouveau Dictionnaire de la Langue Françoise, 4ᵉ édition.

2° Géographie des Commençants , 20ᵉ édition.

3° Histoire Sainte (1819).

4° Histoire Ancienne (1823).

5° Histoire de France, 9ᵉ édition.

6° Les divers ouvrages de Grammaire.

NOUVELLE
CACOGRAPHIE.

PREMIER EXERCICE.

LES soirie que je vous ai vandu ont exsité
ladmiracion de tous ceus a qui je les ai faits
voire avent de vous les envoyez. Mais les
indiénes que vous mavez livré nont parus
belle a personne. Je vous les ai cepandent
peyé fort chere, et je craints bien de ne pouvoire point en retirez les somme quelle m'ont
couté. Les épiceris que nous avons tiré de
Levant sont arivé a bon port. Les deus veiceau qui nous les ont aporté ont été ataqué
plusieures fois par des veiceau anglois, et il
se sont vu souvant au momant d'etre pris;
mais il ce sont toujour deffandu vailla-
mant, et sont parvenu a repoussez tout les
ennemi qui se sont rencontré sur leur passage. Je ne sçaurois vous dire tous les denger
qu'ils ont couru, et auquel il se sont soustrait,
ou qu'ils ont sçu eloigner par la prudanse et
le courage de ceus qui les montoit. Quelque

3

sacrifices que mes sœur ait fait en faveur de
cette famille ingratte, quelque dure privacions
qu'elles se soit imposé , pour venir a son se-
coure , quelque nombreux quait été les bien-
fet dont elles lont comblé , elle nont trouvé
que des cœur dur et perfide. Aussi quelque soit
les malheurs qu'éprouve desormais ces mechante gens, mes sœur sont décidé a les aban-
doner a leur infortune et a leur pervercité.

II.

Les deus operas que vous m'avez envoyé,
et que vous mavez engagé a lire, étaincèle
de milles beauté. Je les ai lu a mes sœur, qui
se sont plu a rendre a lauteur toute la justisse
qui lui est dû. — Je ne sçais si je vous ai raconté les accidans et les paine qui sont survenu a nos jeune parante dans les deus dernier
voyage quelle ont fait. Elle sont arrivé avant
hier au soir, et je les ai vu hier matin. Elle
mont appris elle meme les desagrement et les
mes avanture quelles ont essuyé pendant leur
absence. Cette couple de pigeon que vous nous
avez servi a notre dinez sont-il le produit
de cè couple de pigeon que je vous ai donné
pour peupler votre voliere? Quelque tors que
jai a me reprocher a votre égart, quelques

juste sujets de plaintes que je vous ai donné, quelque ait été ma conduite envers vous depuis six mois, jose espérer cepandant que vous me randrez vos bonne grace, que je vous ai avoué plusieurs fois que javois perdu par ma faute. Votre tente setoit attandu a recevoir de vous plus de témoignages de tandresse que vous ne lui en avez donné. Vous vous êtes montré, ma chere ami, trop peu sensible a toute les caresse quelle s'est empressé de vous faire. Je crains que vous nayez perdu son amitié, que vous auriez du chercher a conserver et a augmenter par tout les moyens que je vous avois taut recommendé d'employer.

III.

Les reproches que vous avez fais a mon fils, ma fille ce les est apliqué a elle meme, par ce quelle a reconnu quelle les avoit mérité. Elle ma avoué quelle ne s'étoit pas assez ocupé du soin de profiter des lecons que vous avez eu la bonté de lui donner tout l'hyver dernier. Jai du profiter de cet avœu pour rannimer un peu cette ardeure quelle avoit montré dans les deus premiere année de son éducation. Je lui ai représanté quelle avoit fait moin de progrets

4

en un an que sa cousine n'en a fait en quatre
mois. Elle est convenu quelle s'est trop laissé
aler a la paresse ; et elle sest engagé à faire desormais les plus grans efforts pour repondre a
vos soin pour elle.— Les orgue que nous avons
entendu lan passé à Vienne (1) me paroisse
bien supérieur à lorgue que jai entendu dimanche derniez dans leglize de Saint-Sulpice.
Lorgue meme de leglize de Notre-Dame, que
vous maviez tant venté, est inférieur aux or-
gues que nous avons admiré dans les églize
d'Allemagne. — Il y a ving-et-un jour passé
que ma fille est parti, et elle ne ma pas encore donné de ses nouvelle. — Le livre que
vous mavez preté est un des meilleur que jai
jamais lu.

IV.

LE CHESNE ET LE ROSEAU.

La Fontaine metoit au ran de ses melieures
fable selle du Chesne et du Rosau. Avent
que de la lirre, esseyons nous meme, dit

---

(1) Tous les noms propres que nous emploierons dans
les exercices, seront toujours écrits comme ils doivent
l'étre : ainsi, les élèves n'auront rien à y changer.

labbé *le Batteux*, quel seroit les idée que la nature nous présanteroit sur ce sujez. Prenons les devant, pour voir si lauteur suivera la même routte que nous.

Des quon nous anonse le chesne et le rosau, nous somme frapé par le contraste du grant avec le petit, du fort avec le feible. Voila une première idée qui nous est donné par le seule titre du suget. Nous serions choqué si, dans le récit du poete, elle se trouvoit ranvercé de maniere qu'on acorda la forse et la grandeure au rosau, et la petitèce avec la feiblèce au chesne ; nous ne manquerions pas de réclamer les droi de la nature, et de dire quelle nest pas randu, quelle nest pas imité. Lauteur est donc lié par le seule titre.

Si lon supose que ces deus plante ce parle, la supozicion une fois acordé, on sant que le chesne doit parler avec hôteure et avec confiense, le rosau avec modesthie et simplicitée ; c'est encore la nature qui le demande. Cepandant, come il arive presque toujour que ceus qui prènent le ton hau sont des so, et que les gens modeste ont rézon, on ne seroit point surpri ni faché de voir lorgueille du chesne abbatu, et la modesthie du rosau preservé. Mais cette idée est envlopé dans les circonstance dun evenemant quon ne consoit

5

pas encore. Hatons nous de voir coment lauteur la devlopera.

Le Chesne un jour dit au Rosau :
Vous avez bien suget dacuser la nature.

Le discour est direc. Le chesne ne dit point au rosau : *qu'il avoit bien suget dacuser la nature*; mais, *vous avez...* Cette maniere est baucou plus vive : on croit entendre les acteur meme : le discour est ce qu'on apèle dramatique. Ce secon vers dalieure contient la proposicion du suget, et marque quelle sera le ton de tout le discour. Le chesne montre deja du santiment et de la conpation, mais de cette conpation orgueulieuse par laquel on fait santire au maleureus les aventage qu'on a sûr lui.

V.

Un roitelet pour vous est un pezan fardau.

Cette idée que le chesne done de la feiblèce du rosau est bien vivé et bien umiliantte pour le rosau; elle tien de l'insulte : le plus peti des oizaus est pour vous un poi qui vous incomode.

Le moindre ven qui davanture
Fait rider la fasse de lau,
Vous oblige a beisser la têtc :

Cest la meme pencée presanté sous une autre imaje. Le chesne ue résone que par des exam-

ple ; cest la maniere de réspner la plus sansible, parce quelle frape limaginacion en même
tems que lesprit. *Davanture* est un terme un
peu vieu, dont la nahivetée est poetique. *Rider
la fasse de lau* est une image juste et agréable.
Vous oblige a beisser la tete. Ces trois vers sont
douz : il samble que le chesne sabaice à se ton
de bontée par pitiée pour le rosau. Il va parler
de lui meme en bien dautre terme.

Cepandant que mon frond au Caucase pareil,
Non contant dareter les reyons du soleil,
Brave léfort de la tempette.

Quel noblèce dans les image! Quel fiereté
dans les expretion et dans les tour! *Cepandant que*, terme noble et magestueuz. *Au
Caucase pareil*, comparézon hyperbolyque.
*Noncontant dareter les reyons du soleil: Ar-
reter*, marque une sorte denpire et de supe-
rioritée; sur qui? sur le soleil meme. *Brave
léfort. Braver* ne signifi pas seullemant *resister*, mais resister avec insolance. Ce nest
point a la tampette seullemant quil resiste,
mais a son éfort. Le singulier est ici plus poetique que le plurier. Ces trois vers, dont larmonie est forte, pleine, les idée grande, noble, figurent avec les troiz precedans, dont
larmonie est douce, de meme que les idée :
observez encore *front* et *areter* à l'hemistiche.

VI.

Tout vous est aquilon; tout me samble zéphir.

Le chesne revient à son parallelle, si flateur
pour son amour propre; et, pour le randre
plus sansible, il le réduit en deuz mot. Tout
vous *est* reelement aquilon, et a moi, tout me
senble zephir. Le contraste est observé partout, jusque dans larmonie. *Tout me sanble
zephir* est baucoup plus douz que *tout vous est
aquilon*. Mais quel énergie dans la brievté!
Continuons :

Encor si vous naiciez a labri du feuliage
Dont je couvre le voisinage,
Vous n'auriez pas tant a soufrir :
Je vous deffandrois de l'orage.

Lorgueil du chesne étoit contant; peut être
meme quil avoit un peu rougie. Il reprent
son premier ton de conpacion pour angager
adroittement le rosau a consantir au louange
quil sest donné, et a flater encore son amour
propre par un avœu pleintif de sa feiblèce.
Mais, malgrez ce ton de conpation, il sçait
toujour meler dans son discour les expretion
du ton avantageuz. *A labri* est vein et orgueil-
leuz dans la bouche du chesne. *Du feuliage
dont je couvres le voisinnage. De mon feuliage*
eut été trop succinc et trop simple; mais *dont*

je còuvres, cela étand lidée et fait image. *Le voisinnage*, terme juste, mais qui nest pas sans enflurre. *Je vous deffendrois de lorage. Je . . . quil* y a de plézir a ce doner soi-meme pour quelquun qui proteige!

> Mais vous neissez le plus souvent
> Sure les umide bort du royaume du vant.

Ce tour est poetique, et même de la hautte poesi, ce qui ne messiet pas dans la bouche du chesne.

> La nature anvert vous me sauble bien ainjuste.

Cest la concluzion que le chesne prononsa sandoute en apuyant, et avec une pitiée de-zobligente, quoique reel et véritable.

VII.

On attant avec impatience la reponce du rosau. Si on pouvoit la lui ainspirez, on ne menqueroit point de lassézoner. La Fontaine, qui a sçu faire naître linteret, ne sera point enbaracé pour le satisfaire. La reponce du rosau sera poli, mais seiche; et on nen sera point surpri.

> Votre conpation, lui répondit larbuste,
> Par dun bon naturel;

Cest precizement une contre véritée. Le rosau n'a pas voulu lui dirre quelle partoit de lor-

gueuil; mais seullement il lui fait santir quil
en avoit ecxaminé et vu le prinsipe : c'étoit
au chesne à comprendre ce discour. Tout ce
qui suit est secq et meme menassant.

> Mais quitez ce souci :
> Les vant me sont moin qua vous redontable ;
> Je pli et ne romt pas : vous avez jusquici
> Contre leur couz epouvantable
> Resisté sans courber le doz ;
> Mais atandon la fin.

Le propoz nest pas long, mais il est enair-
gique.

Les acteur nont plus rien a se dire; c'est au
poette a achever le raicit. Il prent le ton de la
matière; il paint un oraje furieuz :

> Come il disoit ces mot,
> Du bou de lorison acourt avec furie
> Le plus terrible des enfant
> Que le Nort eut porté jusque la dans ses flants.

Le vant part des extremitée de lorison; sa rapiditée sogmante dans sa cource : il y a imaje.
Au lieu de dirre un vant du *nort*, on le per-
sonifi : et la perifraze done de la nobleice a
lidée, et de lespasse pour plasser larmoni.

> Larbre tien bon : le rosau pli.

Voila nos deuz acteur en situacion parallelle.

> Le vant redouble ces efort,
> Et fait si bien quil derassine

Celui de qui la tete au ciel étoit voisinne ;
Et dont les piez touchoit à lempire des morts.

Ces vers sont bauz, noble ; lantiteize et li-
perbolle qui reigne dans les deuz derniez les
reude sublimme.

Le poette, come on le voit, a suivit les
idée que le suget prezante naturèlemant : c'est
ce qui fait la veiritée de son reicit. Mais il a
sçu reveitire ce fons de tout les hornemant
qui pouvoit lui convenire : c'est ce qui en fait
la beautée. Ses pancée, ses exprécion, ses
tour, forme un acort parfait avec le suget.
Toute les parti en sont assorti et lié, au dedans
par la suite et lordre des pancée, au dehort
par la forse du stile, et nous prezante par ce
moyen un tablau de l'art, ou tout est grace
et veiritée. Joigniez a cela le santiment qui
reigne partout, qui annime tout dun bout
a lautre. Cette piesse a tout ce qu'on peus
desirer pour une *fable* parfaitte.

(La Fontaine *développé par le Batteux.*)

VIII.

Lhome a recoure a la poaisi et a la muzique pour raccontere a ses enfanz atentiffes les
conquaite quil a faitte, les victoire qu'il a ranporté, la gloire quil sest aquis, les invan-
cion dont la sociétée sest anrichi, les evaine-

ment quil a vu se passer devant lui, et seuz quil
a antandu narrer par ses ayeuz. Lorsque son
ame est sézie dun noble antouziasme, les
pintures quil ofre a ses oditeurs, sont plaine
de feu et de veiritée. — Les istoire que nous
avons comansé de lirre nous ont paru plaine
d'interet. Ma sœur, ci tu ne les a pas encor
lu, je te conceil de te les procurez. Lorsque
tu te sera bien apliqué a les gravez dans ta
meimoire, je te prirai de me faire connoitre
les traits qui tauront le plus interressé. Si
notre jeune parante sest fait une si briliante
reiputacion dans la sociétée, c'est par ce
quelle sest ataché a lirre les bons istorien.
La lecture est la nouriture de lame; mais le
choiz des livre et difficil a faire. Ma mere,
que jai consulté a se suget, ma indiqué seuz
quelle a cru les melieurs. Mais la liste que
jeu ai montré a notre parante lui a parue
inconpleite et peu exacte. Elle m'a fourni la
notte de seuz quelle a lu; et ma mere, a qui
je lai soumis, la aprouvé. Lorsque j'aurai lu
ces divers ouvrage, je ten raudrai conte; mais
je ne veuz point que tu montre à persone les
extrès que je me suis proposé de tenvoyez.

IX.

Madamme Viot avoit été marié dabort a
monsieur d'Antremont , puis en seconde
nôce a monsieur Bourdic. Lorsquelle se fut
remarié en troisieme nôce a monsieur Viot,
elle se fixa à Paris , ou sa sociétée fus recherché de tout se quil y avoit de gens aimable.
Doué dune prezance desprit rare, elle repon-
doit toujour gayement aux trait malins qu'on
lui lansoit. Elle montra, des sa plus tandre
jeuneice, la plus grande facilitée a faire des
vers. Elle suivoit les reigle de la vercificacion,
sans les conneitre, sans les avoir etudié; et,
comme son imaginacion tres active avoit été
évélié de bone heur, les exprécion venoit delle
meme ce placer sous sa plume. Elle netoit
point joli; mais elle avoit une taille elegante,
se qui lui fesoit dirre, en parlant d'elle même,
que la nature avoit manqué la façade; mais
quelle avoit bien fait ledifisse. Affin de reparer
se desagrement, elle reisolu daqueirire des
conoisçance profonde dans tout les janre. Une
honnette ézance, une heureuze existance per-
mire a madamme Viot de ce livrer a son
gouz pour la muzique et la ponisi. Mais elle
na jamais ataché ocune importanse a ses produxion, quelle a toujour apellé des baghatèles;

et elle n'étoit pas peu surprize quant elle lisoit dans *Lalmanas des Muze* les vers qu'on lui avoit deirobbé. Madamme Viot setoit tracé un sercle liteiraire duquelle elle nest sorti que deuz foi : la première, par une *Ode au Cilance*; la segonde, dans son *Eloge de Montaigne*. Lode au Cilance est plaine didée sublimme, et ne seroit pas deizavoué par les melieur poete comique.

X.

Nous avons deija dis que madamme Viot netoit point joli. Mais cela ne lavoit point enpeiché de contractez labitude de fixer continuèlemant ses regart sur les glasses de lapartement ou elle ce trouvoit. Une dame de sa conessence, choqué de cette mani, quelle avoit remarqué, la lui repraucha un jour en preizense de plusieures persone qui se trouvoit réuni. Voila madame Viot, dit elle, la voila qui contanple toujour son imaje. Il est vrai, repondit madame Viot; mais sest pour sçavoir par expairianse, si l'on peuz sacoutumer à la lédeure.

Cette dame qui setoit montré si seivaire envert madame Viot, fit, quelque jours apreis, une romanse; et, layant aporté a madame Viot, elle la priat de la chanter, en sacom-

paniant sur le pianq. Vous sçavez bien, dit madame Viot, que je nai point de voiz. Vous en
avez assé pour chanter mes couplaids, et je
vous pris de ne pas me refuzer le plézire que je
suis venu vous demandez. Madame, repris
vivment madame Viot, je *siflerai votre romanse*, si vous ainsistez; mais, pour la chanter, sela mest impocible.

Cepandant madame Viot, ci spirituèle, et
sçachant lanser ci a propoz un trai malain,
étoit doué dune sancibilitée qui la toujour
randu cheire a tout ceuz qui lont conu. Cour-
ces, deimarche, solicitacions, rien ne lui a
couté pour le servisse des ami quelle a eu a
oblijer. C'étoit a elle que madame Du Boccage étoit redevable de la pancion quelle
avoit obtenu sur la fein de sa vie. Loca-
zion que cette dernierre sézit pour lui an marquez sa reconeisanse, fait honeure a toute
deuz.

XI.

Madame Du Boccage, setant trouvé den-
gereuzement malade, fit son testaman, et
anvoyat dire a madame Viot quelle avoit
quelle que chose de très pressent a lui communiquez. Madame Viot ce rant a l'invitacion.
« Vous mavez baucoup aimé, lui dit ma-

» dame Du Boccage, vous mavez selebré,
» vous mavez servi. Jai obtenu une pancion,
» comme femme de lettres, et cest a vous que
» je la doit. Dans mon voyage a Rome, le
» pape Benoit XIV ma fait present dune
» mignature, copie charmente de la noce
» Aldobrandine. Cetoit, me dit-il, un pris
» de mes talent; je puis repeter cette expré-
» cion, puisqu'il deignioit y croire. Comme
» vous témoiniates en faire quelque cas,
» soyez donc mon éritière; mais jouissez,
» avant ma mort, dun bien que vous avez
» mérité. »

Par une fatalité singulière, ces deuz amie
sont morte presque le meme jour. Lune (madame Du Boccage) sest andormi peizible-
ment; lautre a été emporté par une maladie
violante, après avoir eprouvé les douleure
les plus aigu. Cest le 7 aout 1801, que madame Viot a terminé sa carrière, à la Ra-
mière, près de Bagnols. Elle avoit alors sinquante cinq ans. La nature ne lavoit pas fa-
vorizé du coté de la figure; mais, pour la
dedomager, elle lui avoit donné baucoup
desprit et de qualités aimable. Elle setoit
apliqué a letude des langues etrangere, et
avoit apris lalleman, le latin, litalien et
anglois.

XII.

O mon frere ! coment te pindre toute la joye que ta lètre a cauzé a ta seur ? Cest cète lètre qui ma retiré de la tonbe, et qui ma rendu au bonheure. Les tenebre qui manvelopoit ce sont dissipé depuis que je voi luire lesperance de retrouver ma mere. Je pourai donques la sérer encore dans mes bras, essuier la trasse des pleures quelle a repandu, lui dire tout les maux que jai soufert , entendre ses douleures passé ! O mon frere ! Luniver ou jetois cest transformé en un autre univert, et je ne suis plus sur une terre ou lon ne verse que des larmes. Croirai-je quen efet ma mere ce soit laissé flechir, que les longues soufrances de sa malheureuze fille l'ait enfin atendri? Je ne puis plus doutter de mon bonheur. Elle est enfin arrivé cète mere don jai si lontemps desiré le retour. A la vu de ma mere, je suis tombé sans conescence. Jignore combien cet etat a duré ; je n'ai meme ocune idée distincte de linstant ou les secour qu'on ma doné, mont fait revenire a moi. Anfin, jai reconu ma mere, et je me souvien parfaitemant de son discourt , parcequa mesure quelle le prononsoit, mes idé se sont ecleirci ; jai santi mon sang reprandre sa chaleure , et mon choeur son mouveman. O ma mere ! me suis je ecrié, je vous ai cruèlement afligé ; mais le ciel men a orriblement puni.

XIII.

Les troiz ministre qui ce sont sucsedé en moin dun an, ne ce sont pas montré digne de la confiance que leur a accordé le souvrain qui les a elevé a se poste eminan. Cète place quils nont pas sçu conservez, parcequils lon mal rampli, vien detre confié a un homme generallemant estimé. Les bruiz qui se sont reipendu depuy quel que temps, et qui se son sucsedé avec une prodigieuze rapiditée, ne meritois pas la confiense qu'ils ont obtenu dun publique trop credul. Il ce son detruis deux meme, et on couver de ridicul ceuz qui les avais debité ou repeté. Les injustisse que vous nous avez fait eprouvez, et dont nous nous somes plains tant de fois auprez de vous, les maux dont vous nous avez laicé acablez par nos persécuteur, tout nous a forsé a recourire a un protequeteur plus juste et plus geineireuz qui scut mieuz nous deffandre contre des énemis que nous nous somme fait sans le vouloir. Les cruoté dont ce sont soulié les diverz empereur romain qui se sont sucsedé les unz aux autre depuy le reigne d'Auguste,

ce trouve concigné dans listoire, et renderont
a jamaiz execrable la mémoire de ses home
férosses qui se sont couver du sang des home
quils etoit appellé a randre heureux.

XIV.

Les denger qu'on avoit cherché a evitez ne
tardere pas a ce reproduire ; mais nos trouppe
setant roidi contre les difficultées, les on con-
pleittement veincu. Jai été moi même temoins
des efort quelles ont fait et de laintrepiditée
heroique quelles ont devlopé dans ses sircons-
tances critique. Vos tente ce sont laissé gou-
vernez par un homme trompeur et perfide qui
les a angajé dans un proceis ruineux, après lequelle elle ce sont vu depouillé de presque toute
leur fortune. Combien élle ce sont repanti alors
de setre laissé aller a des suggesthion incidieuze
dont elle sont devenu les triste victime ! En
voyant lingratitude dont votre cousine sest
rendu coupable envert moi, je ne puis que re-
greiter toute les peine que je me suis donné
pour lobligez, et je suis tanté de lui reprocher a
elle meme les servisse multiplié et important
que je lui ai rendu. Tant de loriez dont ces
deux heros ce sont couvers, ne leur on donné
ni fiereté ni orgueil. Il ce sont constammant
montré modeste, affable, oblijeant, et se sont

consilié laffection des officiez de tout grade,
qui les on connu, et qui out trouvé en eux de
véritable freres. Justine na que sept an ; elle
setait emparé hier de la main de sa mère, et
elle voulait la baisez. Mais cette mere, quelle
avoit mécontenté le matin, lui retira sa main.
Justine sest jetté aussitot a ses genoux ; et, les
beignant de ses larmes, elle sest ecrié : o ma-
man ! si vous me refusé votre main, vous ne
me refuserez pas vos piez. La bonne mere
sest haté de relever sa fille, et elle la embracé
tandrement. Lorsque la mere nous a raconté
cette cène inteircssante, nous en avons été
tout tres vivement emu, et nous navons pu
retenire nos larmes.

XV.

Il nest pas innutil dobserver linfluanse
plus ou moin marqué que des sirconstanses
personèles ont eu de tout tems sur le sort des
mélieures ouvrage. Elles etoit favorable a
Voltaire lors que *Mérope* paru. Le talan mal-
traité en devien plus ainterressant, et les pu-
nicion arbitreire, fusse-t-elle mérité, souleive
lopignon contre lotoritée. Les percecucion
quavoit essuyé Voltaire, navoit peutetre pas
dézarmé ces énemis ; mais elle lui avoit consilié la faveur publique quil est ésé dobtenir
dans l'éloignement. Mérope fut joué dans le

ɔmant meme ou un ministre venois décar-
- Voltaire de Lacademy françoise, non scu-
ɔnt contre le veu general, mais contre le
particuliez de Louis XV, qui avoit an-
sé son elexion. On eut dit que le public
loit dedomager loteur de Mérope des dis-
es, des éxil, des emprisonement qu'on lui
ι fait suporter. On lni prodiga, a la pre-
ɔe represantacion, des honeures quaucun
ɔvin navoit obtenu avant lui en persone. Je
contantrai dindiquer les empruns les plus
ɔrquable que Voltaire a fais a la Mérope de
Fei, et les androis baucoup plus nombreuz
ɔ profonde conessance du téatre a mené
ɔcte françois bien plus loins que celui de
ɔne. Dans Voltaire, linterret ne ce ral-
ιt pas un momant ; il croit de cene en
, depuy le premiez vers que prononse
ɔpe jusquau denouement. Le sor d'Egiste
s creinte maternèles de Merope ocuppe
ɔsse le spectateur depuy le commensement
ɔa la fin, sans la plus legere distraxion,
quil sy mele aucune autre imprécion
ɔconque.

XVI.

ɔ cygne est un des plus grans entre les
au deau ; mais aucune espèce ne possede

B

autant de grace et de bauté, aucune ne se
distingue par autant delegance dans les forme
et de noblèce dans le port et les attitude. « A
sa noble aisance, dit Buffon, a la facilité, a la
liberté de ses mouvement sur lau, on doit
le reconnoitre, non seulement comme le premier des navigateur ailé, mais comme le plus
beau modele que la nature nous ait offert pour
lart de la navigation. Son cou elevé, et sa poitrine relevé et arrondi, semble en effet figu-
rer la proue du navire fendant londe ; son large
estomac en represante la carene ; son corps,
penché an avant pour cingler, se redresse a
larriere et se releve en poupe ; la queue est
un vrai gouvernail ; les pied sont de large ra-
me ; et ses grandes aile, demi ouverte au vent,
et doucement enflé, sont les voile qui pousse
le vaissau vivant, navire et pilote a la fois.

Le cygne joint aux don de la beauté, a la
douceure et a la tranquilité du caractere, le
courage et la forse qui crée et assure la puissance : melange heureux de qualités admirable, dont la nature noffre que fort peu d'exemple, et qui est encore plus rare au milieu des
sociétés humaine. Il ne craint aucun ennemi,
et on la vu souvent repousser avec succes les
attaque de l'aigle, braver les serre redoutable de ce tyran des air, le frapper des coup

redoublé de son bec et de ses aile vigoureuse, le forcer a la fuite, sortir vainqueur d'une lutte terrible qui sembloit si inégal, et joindre la palme du courage au triomphe plus doux que lui assure les charme ravissant quil a reçu de la nature.

Aussi paroit il etre fier de ses brillans avantage, et quelquefois sen montre-t-il jalous. Le *cygne domestique* se plait a etre regardé, admiré, applaudi; il souffre impatiemment l'approche de tout etre vivant dont la blancheure pourroit le disputer à la sienne ou seulement lui être comparé; il entre en fureur; et, quelque soit la disproportion de la taille entre lui et son rival, il lattaque, le combat; lenvie irrité double ses moyen et ses force, et il nest satisfait que lorsquil est parvenu a se debarrasser d'une concurrence qui lui est insupportable. Un professeur a été témoin d'une lutte très vive entre un cygne en colere et un cheval fort paisible, qui navoit dautre tort aux yeux de son agresseur que detre blanc come lui. Le cheval paissoit aux environ dun étang que decoroit le cygne, modele de grace et de fierté; il y entra près de loiseau, qui s'élança aussitôt sur lui, et lui donna des coup daile si violens aux jambe quil en resta boiteux pendant long temps. Ce cheval eci meme succombé dans cette brusque et violent attaque, sans le secour de quelques homme qui vinre le délivrer de son adversaire.

XVII.

Les cyprès, dont on connoit une douzaine despèce, conserve leur feuilles toute l'année. Ces arbre, comme quelques autre de la meme famille, ont un aspect imposant et lugubre. Leur presence reveille ou inspire des idée sombres et mélancolique. Cest par cette raison, sans doute, que les ancien les placoit autour de leur tombeau, et en faisoit les témoin muet de leur douleur. On lit dans leur poetes qu'Apollon changea en cyprès le jeune Cyparisse, qui vouloit se tuer. Cette fiction nous prouve quils regardoit ces arbre comme le symbole de la mort. Quoique nous ne soyons point dans lusage d'en orner, ainsi queux, notre derniere demeure, nous ne pouvons cependant nous defendre d'une certaine tristesse en les voyant. Peut etre eprouvons nous ce sentiment, parce que les cyprès, comme les pin et les if, ont frappé souvent nos regars pendant l'hyver. La nature est en deuil dans cette saison; les seuls arbre qui la parent alors nous semble triste comme elle; et cette impression qu'ils ont fait en ce moment sur nous, se renouvele toute les fois quil soffrent apres a notre vue, meme au milieu des riantes image du printemps.

Le cyprès commun est un arbre assez elevée. Son tronc est gros, très droit et revetu d'une ecorce brune; il se garni, dans presque toute sa longueure, de branche reguliere, qui, dans une direction presque perpendiculaire a lhorizon, et se serrant les une contre les autre, forme, par cette disposition, une espece de pyramide. Quoique cet arbre ait de très petite feuille, les rayon du soleil penetre difficilement a travers ses ramau, tant il sont multipliés et rapproché. Ses feuille sont verdatre, pointu, et rangés en maniere de tuile, sur quatre rang, le long des plus petit rameau. Sur les vieux, elles se desseche et se changent en écaille qui se reunissent en partie a l'ecorce.

Le cyprès commun est originaire du Levant; il croit naturellement dans les ile de l'Archipel. Son bois est tres dur, tres serré, presque incorruptible, et par conséquent tres propre a faire des pieu, des palissade, des treillage et toute sorte douvrages auquel il importe d'employer des bois de longue durée. Lodeure de ce bois est penetrante et suave, et

3

approche de celle du bois de *santal*. Sa couleure est pale ou rougeatre, et parsemé de
quelque veines brune. Le cyprès fournit un
peu de resine dans les pays chaus ; mais il n'en
donne point dans nos climas.

XVIII.

Les *Plaideurs* de Racine sont remarquable
en ce que la piece nest quune farce, et quelle
est écrite dun bout a lautre du stile de la
bone comédie. Dailleurs, elle manque absolument dintrigue et dintérêt, et ne se soutien que
par la gaieté des détail, et le comique des
personnage. Mais aussi jamais on na prodigué
avec plus daisance et de gout le sel de la plai-
santerie ; presque tout les vers sont des trait,
et tout sont si naturel et si gai, que la plupart sont devenu proverbe. On ne peut cependant voir dans les *Plaideurs* quun badinage
que lauteur fit en se jouant, et qui montre ce
quil auroit pu faire dans la comédie, sil sy
étoit appliqué.

Voici le début de ce chef-d'œuvre de gaité.
C'est Petit-Jean, portier du juge Dandin, qui
parle.

Ma foi ! sur lavenir bien fou qui se fira !
Tel qui rit vendredi, dimanche pleurera.
Un juge, lan passé, me prit a son service.
Il mavoit fait venir d'Amiens, pour etre suisse.

Tout ces Normands vouloit se divertir de nous :
On apprend à hurler, dit l'autre, avec les loup.
Tout Picard que j'étois, j'étois un bon apotre,
Et je faisois claquer mon fouet tout comme un autre.
Tout les plus gros monsieur me parloit chapeau bas ;
Monsieur de Petit-Jean, ah ! gros comme le bras.
Mais sans argent lhonneur nest quune maladie,
Ma foi ! j'étois un fran portier de comedie :
On avoit beau heurter et moter son chapeau,
On nentroit point chez nous sans graisser le marteau.
Point dargent, point de suisse ; et ma porte étoit close.
Il est vrai qua monsieur j'en rendois quelque chose :
Nous comptions quelquefois. On me donnoit le soin
De fournir la maison de chandelle et de foin :
Mais je ny perdois rien. Enfin, vaille que vaille,
Jaurois sur le marché fort bien fourni la paille.
Cest dommage : il avoit le cœur trop au métier ;
Tout les jour le premier aux plaid, et le dernier.
Et bien souvent tout seul, si lon l'eut voulu croire,
Il sy seroit couché sans manger et sans boire.
Je lui disoit par fois : Monsieur Perrin Dandin,
Tout franc, vous vous levez tous les jour trop matin ;
Qui veut voyager loin, ménage sa monture ;
Buvez, mangez, dormez, et faisons feu qui dure.
Il nen a tenu compte. Il a si bien veillé,
Et si bien fait, qu'on dit que son timbre est brouillé.
Il nous veut tout juger les un après les autre ;
Il marmotte toujours certaine patenotre
Ou je ne comprens rien. Il veut, bon gré, mal gré,
Ne se coucher quen robe et quen bonnet carré.
Il fit couper la tête a son coq, de colère,
Pour lavoir eveillé plus tard quà l'ordinaire,
Il disoit quun plaideur dont laffaire alloit mal
Avoit graissé la patte a ce pauvre animal.
Depuis ce bel arrêt, le pauvre homme a beau faire,
Son fils ne souffre plus quon lui parle daffaire.

4

Il nous le fait garder jour et nuit, et de pres :
Autrement, serviteur, et mon homme est aux plaid.
Pour sechapper de nous, Dieu sait s'il est alegre.
Pour moi, je ne dors plus : aussi je deviens maigre,
C'est pitié. Je métends, et ne fait que bailler.
Mais, veille qui voudra, voici mon oreiller.
Ma foi ! pour cette nuit, il faut que je men donne.
Pour dormir dans la rue, on noffence personne.
Dormons.

XIX.

Petit-Jean.

Je lui disoit donc, en me grattant la tête,
Que je voulois dormir. « Présente ta requete
» Comme tu veux dormir, » m'a-t-il dit gravement.
Je dors en te contant la chose seulement.
Bonsoir.

Le fils de Dandin conseille a son pere de
se donner du repot. Dandin repont :

Du repos ? Ah ! sur toi tu veux regler ton père ?
Crois tu quun juge nait qua faire bonne chere,
Qua battre le pavé comme un tas de galant,
Courir le bal la nuit, et le jour les brelans ?
Largent ne nous vien pas si vite que lon pense.
Chacun de tes ruban me coute une sentence.
Ma robe vous fait honte ! Un fils de juge ! Ah ! fi !
Tu fait le gentilhome : Hé ! Dandin, mon ami,
Regarde dans ma chambre et dans ma garde robe
Les portrait des Dandin : tous on porté la robe ;
Et cest le bon parti. Compare prix pour prix
Les etrenne d'un juge a celle d'un marquis :
Attend que nous soyons a la fin de decembre.
Qu'est-ce quun gentilhome ? Un pilier d'antichambre.

Combien en a tu vu, je dis des plus hupé,
A souffler dans leur doigt dans ma cour occupé ?
Le mantau sur le nez, ou la main dans la poche ?
Enfin, pour se chauffer venir tourner ma broche ?
Voila comme on les traite. Hé! mon pauvre garçon,
De ta defunte mere est ce la la leçon ?
La pauvre Babonnette! helas! lorsque j'y pense,
Elle ne manquoient pas une seule audience.
Jamais, au grand jamais, elle ne me quitta,
Et Dieu sait bien souvent ce quelle en raporta :
Elle eut du buvetier emporté les serviette
Plutot que de rentrer au logis les main nete.
Et voila come on fait les bone maison. Va,
Tu ne sera qunn sot.

Le fils de Dandin ordonne a Petit–Jean de
coucher son maître. Dandin dit :

Quoi! l'on me menera coucher sans autre forme ?
Obtenez un arrêt come il faut que je dorme.

LA COMTESSE DE PIMBESCHE.

Monsieur, tout mes procès alloit être fini :
Il ne men restoit plus que quatre ou cinq petit ;
Lun contre mon mari, lautre contre mon père,
Et contre mes enfant. Ah! Monsieur! la misere !
Je ne sai quel biais ils ont imaginé,
Ni tout ce quils ont fait ; mais on leur a donné
Un arret par lequel, moi vetu et nourri,
On me defend, Monsieur, de plaider de ma vie.

CHICANEAU.

Comment! cest un exploit que ma fille lisoit ?
Ah! tu sera un jour l'honneur de ta famille :
Tu defendra ton bien ; viens, mon sang ; viens, ma fille :
Va, je t'acheterai le praticien françois.

XX.

Lalouette est le musicien des champ : son joli ramage est lhymne dalegresse qui devance le printemps, et accompagne le premier sourire de l'aurore. On lentend dès les premiez beau jour qui succedent aux jour frois et sombre de l'hiver, et ses accent sont les premier qui frappe loreille du cultivateur vigilant. Le chant matinal de lalouette etoit, chez les Grecs, le signal auquel le moissonneur devoit commencer son travail, et il le suspendoit durant la portion de la journée ou les feu du midi d'été impose silence a loiseau. Lalouette se tait en effet au milieu du jour; mais, quand le soleil sabaisse vers lhorizon, elle rempli de nouveau les air de ses modulation variés et sonore. Elle se tait encore lorsque le ciel est convert et le temps pluvieux. Du reste, elle chante pendant toute la bel saison. Dans toute les espèce doiseau, le ramage est un attribut particulier au male. L'alouette ne diffère point en ceci des autres espèce. On voit cet oiseau s'élever presque perpendiculairement et par reprise, et decrire, en s'élevant, une courbe en forme de vis ou de limaçon. Il monte souvent fort haut, toujours chantant, et forçant sa voix a mesure quil s'éloigne de la terre; de sorte qu'on lentend aisement lors meme

quon peut a peine le distinguer a la vue. Il se
soutien long temps en lair, et il descend lente-
ment jusqua dix ou douze pieds au-dessus du
sol ; puis il sy precipite comme un trait : sa voix
saffoiblit a mesure qu'il en approche, et il est
muet aussitot quil sy pose.

La femelle fait promptement son nid ; elle le
cache avec soin entre deux motte de terre ; il est
plat, peu concave et presque sans consistance :
de lherbe, de petite racine seche et du crin le
compose. Les œus, au nombre de quatre ou
cinq, ont des tache brune sur un fond grisatre.
La femelle ne les couve que pendant quatorze
ou quinze jour; et, au bout de moins de temps,
les petit sont en état de se passer de ses soin.
Après leur avoir donné la bequée pendant quelque jour, elle les instruit a chercher eux même
leur nourriture, et les fait sortir du nid avant
qu'ils soit totalement couvert de plume : aussi
loiseleur est il souvent trompé, en ne trouvant
plus dans le nid les jeune que quelque jours
auparavant il avoit vu recemment éclos, et presque entierement nu.

Les amour printaniere des alouette leur
laisse le temps de faire plusieurs couvée dans
un eté. Chez nous, aussi bien quen Allemagne,
elle nen font que deux; mais dans des pays plus
meridionau, en Italie, par exemple, il y en a

6

trois ; la premiere au commencement de mai
la seconde au mois de juillet, et la derniere au
mois d'aout.

XXI.

Le *Philosophe marié* et le *Glorieux* sont les
deux chef dœuvre de *Destouches* ; et, en vérité,
quand on a lu tout le reste de ses pièce, on est
surpri quil ait fait ces deux ouvrage. Les con-
noisseur ne peuve pas expliquez comment un
talent, tres foible dans une foule de production,
peut avoir un ou deux moment si heureux,
quil rassemble dans un seul ouvrage tout ce
qui lui avoit manqué dans les autre.

Il y a, dans le *Philosophe marié*, de la conduite et de linteret, des situation et des contraste. Le mistere qu'*Ariste* veut garder sur
son mariage, quil a conclu sans le consentement dun oncle dont il est lheritier, est suffi-
sament justifié par la crainte de perdre cète
succession, et de nuire a la fortune de sa femme
et de ses enfant, si cet oncle, qui a des vue
détablissement pour lui, vient a savoir quil
sest secretement engagé. Il setoit daileures permis auparavant de plaisantéz sur le mariage, et
de se moquer de ceux qui avoit pris ce parti.
Il craint detre raillé a son tour, et cète foiblèce
est peu excusable dans un philosophe.

La douceure, la sensibilité, la modestie, qui font le caractère de *Mélite*, mérite la tendresse qu'Ariste a consu pour elle. *Céliante*, sœur de Mélite, est recherché par *Damon*, ami d'Ariste. Les deuz sœur ont des caractere tout a fait opposé. Ariste tremble continuellement que lune ou lautre ne revele le secret quil a tant denvie de tenir caché.

ARISTE (*seul dans son cabinet.*)

Oui, tout mattache ici ; jy goute, avec plaisir,
Les charme peu connu d'un inocent loisir ;
Jy vis tranquil, heureux, a labri de lenvie.
La fol ambition ny trouble point ma vie :
Content dune fortune egal a mes souhais ;
Jy sens tout mes desir pleinement satisfait.
Je suis seul en ce lieu, sans etre solitaire,
Et toujours occupé, sans avoir rien a faire.
D'un travail serieut veux je me delasser,
Les muses aussitot vienne my caresser.
Je ne contracte point, grace a leur badinage,
Dun savant orgueilleut lair farouche et sauvage.
Jai mil courtisan rangé autour de moi :
Ma retraite est mon Louvre; et jy commande en roi.
Mais je nuse quici de mon pouvoir supreme.
Hors de mon cabinet je ne suis plus le meme.
Dans lautre appartement, toujours contrarié :
Ici, je suis garçon ; la, je suis marié.
Marié ! C'est en vain que lon se fortifie,
Par le grave secour de la philosophie,
Contre un sexe charmant que lon voudroit braver ;
Au sein de la sagesse il sait nous captiver.
Jen ai fait, malgré moi, lepreuve malheureuse.
Mais ma femme, après tout, est sage et vertueuse :

Plus amant que mari, je possede son cœur ;
Elle fait son plaisir de faire mon bonheur.
Pourquoi contre Ihymen est ce que je declame ?
Ma femme est toute aimable.

XXII.

Ariste se plaignoit seul davoir eu la foiblesse
de se marier. Il reprochoit a Damon de lavoir
engagé a contracter ce mariage : il ne croyoit
point que Damon lentendit, mais Damon étoit
arrivé sans que son ami leut vu. Ariste dit
alors :

Il est ecrit
Quun mari doit toujours avoir lieu de se plaindre.
Jusques a ce moment javois su me contraindre :
Mais puis que le hazar a trahi mon secret ,
Avec vous desormais je serai moins discret.

En parlant de sa femme :

Cent bel qualité rende la mienne aimable ;
Mais elle ne veut point se contraindre pour moi.

DAMON.

Que lui reprochez vous ? Parlez de bonne foi.

ARISTE.

Son indiscrétion, qui me tient en cervelle ,
Et me cause, à tout heure, une frayeur mortel.
Il semble que ce soit son plaisir favori
De laisser entrevoir que je suis son mari.
Chaque jour elle fait nouvel connoissance,
Et chaque jour aussi nouvel confidence,
A des femme , sur tout. Jugez si mon secret
Nest pas en bonne main.

DAMON.

Je prevois a regret
Que votre intention né sera pas suivi.
Mais, au fond, pensez vous que toute votre vie
Vous serez marié sans quon en sache rien ?

ARISTE.

Plut au ciel.
. . . . Entre nous, ma faiblesse
Est de rougir d'un titre et venerable et doux,
D'un titre autorisé, du beau titre depoux,
Qui me fait tressaillir lorsque je larticule,
Et que les mœurs du temps ont rendu ridicul.
Ce motif, je le sen, n'est pas des plus sensé ;
Mais. . . .

DAMON.

Cest avec raison que vous vous dispensez
A tout autre qua moi den faire confidence ;
Et ce seroit a vous une grande imprudence,
Si vous napuyez pas sur un autre motif
Dicté par l'interet, et bien plus positif,
Celui de menager un oncle fort avare,
Quoique puissamment riche, assez dur et bizarre
Pour vous desheriter indubitablement,
Sil vous sait marié sans son consentement.
Voila pour votre femme une raison puissante.

XXIII.

ARISTE.

La rage de parler est encore plus pressante.
Mais ma femme, apres tout, nest pas la seul ici
Qui mexpose a lécla, et me met en souci:
Sa sœur, plus imprudente, et si capricieuse,
Quun moment elle est gai, un moment seriouse,

Riant, pleurant, jasant, se taisant tour a tour ;
Enfin , changeant d'humeure mil fois en un jour ;
Sa sœur, votre future, et qui, par parenthese,
Vous donnera tout lieu d'enrager a votre aise,
Me met au desespoir par ses frequens ecars,
Et de plus, nous amene ici de toute part
Un tas d'originaux, d'ennuyeuse comeie ,
Qui me font avaler cent pillule amere,
Lorsque pour mon malheur, je vais imprudenment,
Pour lui rendre visite, a son appartement :
Des que j'entre, on se tait; on ce parle a l'oreille,
On sourit : par degié le caquet ce reveille,
Toute parlent ensemble. Et ce que je comprens,
Par leur discour confu, leurs geste different,
C'est que ma belle-sœur, fine et dissimulé,
A mis dans mon secret la discrette assemblé ,
Et que je dois compter que , dans fort peu de jour,
J'aurai , pour confident , la ville et les fauboure.

DAMON.

Je suis au desespoir d'une tel imprudence :
Et je vais de ce pas quereler d'importance
Madame votre femme , et votre belle sœur.

ARISTE.

Non : je croi qu'il vaut mieux leur parler en douceur.
Mais avertissez bien ma prudente compagne,
Qu'elle me forcera de fuire a la campagne,
Et de m'y confiner pour n'en sortir jamais,
Si le secret n'est pas mieux gardé desormai.

DAMON (avec un souris malin).

Soit. Mais vous, employez votre art . votre science ,
A vous mettre en état de prendre patience.

ARISTE (*sur le même ton*).

Et vous, pour m'imiter, et par précaution ,
D'avance faites en bone provision :
Vous en aurez, ma foi, plus besoin que moi-même.
Je connois Celiante , et je crains....

DAMON.

Moi je l'aime;
Ses défaut n'auroit rien qui me put effrayer ,
S'il ne s'agissoit plus que de nous marier....

ARISTE (*seul*).

Je brule de le voir par l'hymen engagé.
Plus il enragera, mieux je serai vengé.

(*Il retourne à sa table et se remet à lire.*)

XXIV.

Les succeis que j'avois preivu que cète piece obtiendrois , ont reipondu à l'atante que j'en avois fait concevoir a l'oteur, et on deiconserté les mesure qu'avoit prise contre lui une caballe énemi que les bautées reèle de cet excelant ouvraje on reduit au silanse. Imitez la conduite qu'a tenu selle de vos compagne que vous avez entandu louez, et pratiquez les vertues dont elle vous a constanment doné l'exemple. Vous avez du etre aussi contante que je l'ai été moi meme du chant de cète jeune personne que vous avez antendu chantez, et qui a obtenu les aplodissement de l'assamblé nonbreuze qui se trouvoit reuni pour cète fete,

que tout le monde a trouvé aussi agréable que
briliante. Les dieu quont adoré les payen,
leur avoit doné lexample de tout les crime;
et la sote creidulitée des nacions les avoit tèle-
ment multiplié quil netoit plus possible dan cal-
culer le nombre. Aussi *Atlas* se plaignioit-
il de ne pouvoir plus soutenire le ciel sur
ces aipaules, a cause de la multitude infini
de dieu quon y avoit placé. Cette femme est
né bienfaizante; elle cest consilié lafection
et la reconessance de tout les malheureuz,
quelle a toujour secouru avec la plus tandre
solicitude. Un jour on dira delle, quelle a
employé au soulajeman de lumanité soufrante
tout les jour quelle a vécu sur la terre. Nous
nous somes apersu quon nous avoit volé. Nous
avons reconu bientot que cetoit les domestique de loberge, qui setoit randu coupable
de ce vole. Nous nous en some plains au maitre
de la maison, qui les a fais venir tous devant
nous. Nous les avons accusé, nous les avons
interogé, nous les avons contraint davouez
leur crime, et ils nous ont randu les bijou
quils nous avoit deirobé.

XXV.

Les chagrains et les paine que ma cauzé
la conduite de mon fils, sont devenu la sourse

de cète maïlancolie abituèle qui mine lante-
-ment ma vie. Que de pleures nai je pas versé
dans le silanse de ces longue nuit que jai
passé sans fermez la popiere? Mes yeux en
ont tant reipandu que jai failli a en perdre la
vu. En rappelant a ces jeunes gens les example
que leur ont laissez leurs anceitres, les vertues quils avoit eux meme commeusé de
pratiquer, les louange quils setoit atiré de la
par de leur maitres, on les auroit angagé a
ne point seicarter de la bonne voye dans la
quelle ils etoit entré. En agissant a leur egar
avec trop de cévéritée, on les a rebuté com-
plettement; il se sont degouté du travaille,
ils se sont livré a la dissipacion, ont refusé
découter toute les represantation qui leur
étoit adressé, et semble setre plu a faire tout
le contraire de ce quon atendoit deux. Il ne
sufit point de conaitre la téorie dun art, il
faut encore savoir faire laplication des prinsipe qu'on a étudié, des regle quon a aprise.
Combien de gens se sont livré pendant plusieures année a letude de la géométrie, et ne
seroit point en état darpanter deux hectare
dans les champ? Quand on songe aux difi-
culté sans nombre que notre jeune parante a
eu a vaincre, au couraje et a la paciense quelle
a montré, aux disgrace quelle a bravé, aux

dangez dont elle sest garenti, on ne peut sem-
peicher de lui rendre la justisse qui lui est
du, et ses énemi meme sont forcé de convenire que cest une des fille les plus vertueuse
quils ait jamais conu.

XXVI.

Les succeis qua obtenu cète bagatèle ne
mont point aveuglé sur ses défaux. Jai sen-
tis que je les devais moins au méritte de lou-
vraje qua lindulgeanse du public, et jai revu
mon livre avec tout le soin dont je suis capable. Cette edicion diferre presque entier-
ment de la premierre : cinq cent vers supri-
mé, et douze cens ajoutés, en fond, pour ainsi
dire, un ouvraje nouvau; des vers foible ou
de mauvais gout on disparu. Le poette De-
lille, qui mhonoroit de son amitiée, mavoit
engajé a multipliez les épizode dans mon
ouvraje; il pensoit que quelques historietes
placé a propoz, devoit delasser le lecteur
fatigué des détailles quelquefoiz aride de la
sience. Quelque soit cepandans les changement que jai fait a mon livre, on ne doit
point satendre a y trouvez des idée aprofon-
die de la siance : je nai, pour ainsi dire, qué-
fleuré mon sujez, mon dessein etant plutot
dinspirez le gout de la phisique que den de-

voiler les mistere les plus secrez. Voltaire a dit, en parlant de ses ÉLÉMENS DE NEWTON: *je fais come les petits ruissauz ; il sont trans-parans, parce quil son peu profons.* Et moi, qui sent toute ma foiblèce, je me regarderai comme tres heureuz , si le lecteur fait a mon ouvraje laplication de cète pensée.

Cète Sophie, qui avoit toujours dedainié les idée nouvèle, étoit devenu toute a cou ladmiratrisse de Lavoisier. Seduitte par les expériense de cet homme surprenant, elle resolu détudiez la phisique. La chose etant decidé, il falut songer a rendre amusante des expcirianse et des découverte souvent abstraite. Les dificultée ne me rebuttere point. Je fis un grant nombre dessai; je me nouris de la lecturre des bons auteur. Peu a peu le chaoz ce debroulia, mon plan saggrandit, et je comen-sai a ecrire. Tel est lorigine de se livre; et, si une chose peut me faire pardonez ma teme-ritée, cest que je nai eu dautre but, dans mon travaille, que de donner le gout de la siance, et dofrire une esquice des découverte princi-palle de la phisique et de la chymie. La secheresse des sujez que jai eu a traitez étoit souvent desesperante. Pour y jetter un peu de varietée et dagrément, et pour sortir des routes deja tracé, je resolu dentremeler ces

essai de quelques morsaus de poesie. Ins-
truire en amusant, tel est la fin que je me
suis proposé.

XXVII.

Esseyons d'esquicer les phenomenne de
lunivert. O magnificense! coment contenpler
a la foiz tant de merveille! Les detailles echa-
pent aux calcul, et lensenble au génie : le
cœur ne peut sufir a tant damour, la re-
conessanse a cète multitude de bienfaiz; et
limaginacion meme reste epouventé devant la
grandeure de la creacion.

Qui pindra la verdurre et les fleure? qui
paindra l'océan, les fleuve, les ruisseau, les
fonteine? qui devoillera leurs secrez? Voyez
ce jouez dans les aire, dans les eauz, et sur
la terre, cète multitude varié d'animeaux,
depuy laigle jusquau moucheron, depuy l'e-
lephan jusqua linsecte inperseptible; inté-
rogez les echo; voyez l'éclaire, la foudre,
les oraje, l'arc en ciel : coment ne pas desirez de conaitre les cause de ces merveille?
On les cherche, on les etudi, on en saisi
quelquez-une; mais toujour la premieire reste
invizible, et la pensée de Dieu peut seulle
lexpliquez.

Et tout à cou, cedant aux desire de mon cœur,
Je voulus adorez Dieu, lauteur de mon etre,

Et je dis a la terre : Est tu le createur
    Que mon amoure cherche a connaitre?
Et la terre me dit : Je ne suis point ton Dieu.
Et je dis a la mer , à l'aire , au vent , au feu :
Etes vous léternel que luniverz adorre ?
Et tout m'on repondu : Nous ne le some pas.
Verd lorient alor ayant tournés mes pas ,
    Je demandai lEternel a l'aurorre.

Lastre de luniverz savance radieux ;
Dun seule de ses rayon il embrâze , il eclairre
Toutte limmancitée de sa noble carieire ,
Et je fus ebloui du spectacle des cieuz ;
Et le soleil me dit : O mortèle téméraire ,
Tu voudroit contamplez Dieu dans ta magestée !
Leve les yeuz , soutient leclas de ma lumieire.
Je suis obscure devant le maitre du tonère ,
Je puis servire de voile a la divinitée.
Home ! voi ton néan , et gardes le silense.
La mort dissipra bientôt ton ignioranse.
Mais laisse en atendant coulez tes jours en paiz ;
Et reconois le Dieu qui t'aprent sa puissance ,
En repandant sur toi d'innonbrable bienfais.

Eh bien! si je ne puiz contanplez le createur, jessayerai de le conoitre par ses œuvre.
Je mélevrai a la cime des mons pour y
étudiez la sourse des fleuve; je verrai les
oraje ce formez, et la foudre grondra sous
mes piez; entrouvrant le sin de la terre, je
vous montrerai les cristeaux , lor, le dia-
man, caché sous la verdurre, comme pour
laissez la place aux véritables richesse; je
demandrai aux abimes la cause de ces feuz

qui donne des spectacle si efrayant et si magnifique ; et, remontant enfin a la surface
du globe, jessayerai de devinez coment, du
sin de la poussieire aride, on voit eclorre les
boiz, les fleure, les moisson.

XXVIII.

Tandi que Newton deconpoze la lumieire
et dirije le cour des astre, Buffon expose les
merveille de la creacion, et fait, pour ainsi-
dire, passer luniverd sous nos yeuz.

Ce superbe coursier, qui du piez bât larene,
Qui, pret a s'elancer, mort le frin qui l'encheine,
Hennit, et balansant ses lons crins ondoyant,
Vole et prent son essor, aussi pront que les vens ;
Cette animal util, et pourtant quon meprise,
Don le nom, mais a tord, exprime la sotise,
L'ane, qui, chaque jour, aporte sur son doz,
Dans le sin des citée, les tribus des hamaux,
Et qui, du laboureur secondant lindustrie,
Defriche ce terein sans culture et sans vie ;
De quels trais par Buffon ils sont peins tous les deux !
C'est le courciez lui meme : inpacient, fougueux,
Au bruit de la trompète, au cliqueti des arme,
Il enporte son maitre au milieu des allarme,
Sans crinte entent l'airein tonez de toute part,
Et foulle sous ses piez les cadavres épart.
Voila bien l'ane aussi : pacient et docil,
Moins bau que le cheval, mais non pas moins util.
On ne l'atelle point a nos chars opulans,
Mais humble, il vit et meure dans la maison des chaus.
Quand du roi des forez Buffon moffre limage
Je croi voire le lion, avide de caruage,

S'élansant tout-a-coup au milieux dun troupau,
Conbatre, terrasser, dechirer un taurau;
Et les crinz herissé et la gueulle sanglantte,
Il rugit, et partout il repant lépouvante;
Mais sa fureure ce calme : avec quelle fiereté
Il savance! son port est plin de magestée.
En lui les animauz ont reconnu leur maitre;
Tous ont fremis de crinte en le voyant paraitre.
Ainsi, de la nature habil observateur,
Buffon peins dignement lœuvre du Créateur;
Il di le cerf legez, roi du boiz solitelie,
Le chevreuil inocent, le tigre sanguineire;
Il surprent du castor les secrez mervelieux;
Pour piudre laigle altiez, il le suis dans les cieuz;
Et quant du colibri, bijoux de la nature,
Il veux montrez l'éclat et la riche parure,
Soudin l'oizeau, couver des plus vive couleure,
Sofre à nos yeux charmé, volant de fleur en fleur.

Ainsi l'éloquanse de Buffon sais reproduir les trais de tous les animeaux. Cest peu de les avoir pint, il veut encor assister a leur creation et à celle de luniverd.

XXIX.

SCÈNE IV DU Iᵉʳ ACTE DU *PHILOSOPHE MARIÉ.*

(Ariste est dans son cabinet, et Finette l'observe quelque tems avant que de parler.)

FINETTE.

(*A part.*)   (*Haut.*)
Toujour lire! Monsieur, Madame votre femme....

ARISTE.

Crie encore plus haut.

C

FINETTE (*elevant la voix*).

Très volontier... Madame.
Votre....

ARISTE.

Jai defendu cent foi, depuis deux an,
Que jamais ce mot la fut prononsé ceans :
Ne ten souvient il pas ?

FINETTE.

Oui : mais quand je loublis,
Quel tort vous fait cela, Monsieur, je vous supplis ?

ARISTE.

Premierement, celui de me desobeire.

FINETTE.

Passe.

ARISTE.

Secondement....

FINETTE.

Jenrage. A vous ouir,
On simagineroit que cest faire un grant crime
De donner a Madame un titre legitime.

ARISTE.

Finette !

FINETTE.

Quoi, Monsieur ?

ARISTE.

Il faudroit mecoutez
Quand je parle.

FINETTE.

Ah ! Vraiment, qui voudroi saretez
A tous vos baus discour, et les suivre a la lettre,
Ne cesseroit jamais....

ARISTE.

Voulez vous bien permettre
Que je dise deuz mot ?

FINETTE.

Quatre, si vous voulez.

ARISTE.

Vous savez qu'un secrez.....

FINETTE.

Deuz an sont écoulé
Depuis que nous menons une vie equivoque :
Je n'y puis plus tenire ; le secret me suffoque.

ARISTE.

Ma paciense, enfin, pouroit bien se lasser,

FINETTE.

Cest consciense a vous que de vouloire forcez,
Pendant deuz ans entiez, des femmes a ce taire.
Pour moi, jaimeroi mieuz vivre en un monasteire,
Jeuner, priez, veillez, et parlez tout mon soul.

ARISTE (se levant).

Parlez, morbleu ! parlez; je ne suis pas si fou
Que de vouloir tenire vos langues inutil :
Sur un point, seulement, quelles soit immobil ;
Ce nest que sur ce point que je lai prétendu.

FINETTE.

Oui : mais ce point, Monsieur, cest le fruit defendu;
Et voila justement ce qui nous affriande.
Parmi vingt bon ragout, la plus grossieire viande
Que lon me deffenderoit constament de goutez
Seroit le seul morseau qui pouroit me tentez.
Jugez, apres cela, si je nai pas la rage
De parlez librement sur votre mariage.

ARISTE.

Quel travert ! quel esprit de contradixion !
Quel fonds dintamperanse et dindiscrécion !
Voilà les femmes.

FINETTE.

Soit.... Mais, tel que nous somes,
Avec tous nos défaux nous gouvernons les home,

C 4

Même les plus hupé ; et nous somes l'ecueil
Où viennent echouez la sagesse et lorgueil;
Vous ne nous oposez que dimpuissantes arme :
Vous avez la raison , et nous avons les charme.
Le brusque philosophe, en ses sombres humeure ,
Vainement contre nous eleve ses clameure ;
Ni son air renfrogné , ni ses cri , ni ses ride ,
Ne peuve le sauvez de nos yeux homicide.
Comptant sur sa siense et ses reflexions,
Il se croit a labri de nos seduxions :
Une bel paroît , lui sourit et lagace ;
Crac.... au premier assaut elle emporte la place.

ARISTE (à part).

Voila precisement mon histoire *en trois mots.*

XXX.

Les livre que jai acheté mont couté quatre
vingt franc. Ceux que javois acheté le mois
dernier mavoit couté quatre vingt six franc.
Que de peines a couté a ma sœur cète malheureuze affaire quelle sest obstiné a entre-
prendre , quelle a entreprise malgré tout les
avis que je lui avoit donné a ce sujet! Combien de fois ne sest elle point repenti, ou du
moins combien de fois na-t-elle pas du se re-
pentir de navoir point suivit mes conseil? Les
demarche que vous mavez pressé de faire pour
obtenir la place que je metois proposé de ceder
ensuite a mon fils, nont point eu les succès
que jen avois esperé. Les personne qui mavoit promit dappuyer ma demande se sont

laissé decouragez par les premiere difficulté
quelles ont rencontré. La methode que nous
avons suivit nest pas aussi bonne que je lavoit cru. Jai toujours saisi avec empressement
le peu d'occasions que jai trouvé de vous obli-
gez. Le peu de reconnoissance que vous men
avez marqué ne ma point empeché de vous
rendre encore dernierement tous les service
que j'ai pu. Je vous invite a profitez du peu
de consideration que jai obtenu auprès des
nouveau ministre pour soliciter encore, par
ma médiation, la place que vous avez desiré
depuis long temps d'obtenire. Les mauvaises
herbe quon a laissé croitre dans ce champs
ont beaucoup nui aux légume qu'on y avoit
semé. Quelque soit votre conduite a mon
egart, quelques sujet de mécontentement que
vous mayez donné, quelques nonbreuses quait
été vos fautes, je me suis toujours montré
fort indulgent envers vous. Vos discours, tout
seduisant quil sont; vos promesse, toute belle,
toute avantageuse quelle paroisse, ne sçauroit
me tentez. Votre fille, toute aimable quelle
est, n'aura pas plus de crédit auprés de moi.
Les soin que jai sçu que mon frère sétoit donné
pour me faire gagnez mon procès mont reconcilié avec lui. Nous nous etions brouillé il
y a plus de trois ans. Nous nous somes donc

3

raccomodé, et nous nous somes engagé a evitez désormais tout sujet de brouillerie entre
nous. Nous ne violerons jamais la foi que nous
nous somes doné a cet égart. On se souviens
froidement des plaisire quon a gouté, on se
rappèle avec plaisir les bones action quon a
faite. J'ai cherché dans la religion les consola-
tion qui métoit necessaire, et mes peine se
sont adoucie.

XXXI.

Jai rencontré vos cousine, et je les ai
salué. Votre tente les a ramené a la ville
longtemps avant lépoque quelle avoit fixé
pour son retours. Une afaire impreivu la
forcé a revenire a Paris. Vos jeune parante
ne setoit accoutumé quavec peine au sejour
de la campagne. Les premiez mois quelles
y ont passé, leur ont paru bien lons. Mais
elles setoit enfin resigné a vivre dans cette
triste solitude qui leur avoit dabort tant deplu.

Depuis quelles etoit sortie de pencion,
elles avoit abandonné létude et même la lecture. Elles ne setoit plus ocupé ni du dessein
ni de la musique. Mais, dans leur retraite,
elle ce sont décidé a reprandre leurs étude.
Elles ons dabort reglé lemploi de leurs
journée, et se sont faite une loi de ne point

secartez du plant qu'elle setait tracé. Elle
ce sont assujeti a ce levez tout les jour a six
heures. Elle se sont proposé détudiez, depuis
leur levez jusqu'au dejeunez, la geografie et lhistoire, quelles avoit négligé daprandre dans le
pencionat ou elles ont été clevé. Elles dejeunoit
a neuv heurs, et sexersoit ensuite sur leurs
instrumant jusqua onze heurs et demi. Elles
jouoit ou ce promenoit jusqua une heure. Elles
lisoit alors ensemble le cour de litterature
de *La Harpe*, et dautre bon livre, dont elle
setoit accoutumé a faire des extrès. A trois
heurs, elle soccupoit de leurs ouvrage a lai-
guille jusquau dinez; après le dinez, elle se
recreoit pendant deuz heurs; puis, elles re-
prenoit leurs ouvrage a léguille jusqua lheure
de la priere, quelles ont toujour fait en commun. Telle est la regle quelles setoit imposé,
et quelle ont constament observé. Je les ai prié
de me comuniquez les extrait quelles ont faits,
et elles si sont preté de bonne grace.

XXXII.

Cette femme a toujourz employé au sous-
lagemen des pauvre les richesse que la providanse lui avait départi; elle sen est servi
particuliairement pour secourire les vieliau
que les infirmité attaché a leur age avoit

reduis a letat dindigense, et pour faire elevez
de malheureuz enfant que la mort avoit privé
de leurs parens. — Ces deuz ecrivins se sont
constamment elevé contre le mauvais gout
qu'on a justement reproché a leur siecle, et
ils ce sont fait des ennemi de tout ceuz qui
setoit imaginé que lesprit conciste dans les
comte et dans les jeu de mos. On les a accusé
dune jalouzie dont il se sont toujours montré incapable. — Les éloge qu'on vous a prodigué, vous ne les avez mérité ni par votre
aplication ni par votre docilitée. Votre mere
sest appersu elle meme que toute ces louanges
étoit du a la flaterie et a la complaizanse. Les
faute nombreuze que vous avez comise, auroit
du areter ce torant dadulation. — La querelle
que jai vu sengager entre ces deuz rivaus, est
devenu vive et seirieuze. Il se sont rancontré
derniairement dans une promenade; il ce
sont dit des injure, et ce seroit battu, si on ne
les avoit empeché den venire a cette extreimitée. — Cette jeune personne sest randu odieuze
par lhabitude quelle a contracté de contrefaire
tout le monde. — Cette femme a été accusé d'a-
voir contrefait le sin du ministre, et sest trouvé
convincu dun crime de fauz pour lequel elle
a été justement puni. On apele crime *de faux*,
le crime de celui qui alteire une piece, qui en

produit ciemment une fausse , qui depose faux.
On apelle *faussaire* la personne qui sest rendu
coupable de ce crime.

XXXIII.

Je vous remerci des servisse que vous m'avez
randu : ce sont des faveure que je noublirai ja-
mai.— Les chaleure qu'il a fait cette anée ,
nont duré que quelque jour. Il sest fait de joli
partie dans les bauz jour quil y a eu sur la faim
de septambre. Quelque ait été les maux que
nous avons eu a souffrire , nous les avons soufert paciemmnent. Quelque somme que jai eu a
payez , je les ai toujour payé aux terme échu.
Adele a obtenu toute les grace quelle a voulu ;
toute les faveure quelle a deziré , elle se les est
vu accorder aussi tôt quelle les a eu demandé.
Ma fille sest laisé abatre par les chagrains au-
quelle elle sest laisé aller. Elle sest laissé devo-
rez par lennui , et elle y a enfin succombé. Elle
sest fané comme une rose quon brulé les vens
du midy. Avant que de mourire , elle a revelé a
sa mere la cause de ses peine. Elle nous a avoué
tout ses tors , et nous les lui avons pardoné.
Quelles chimère ne setoit elle pas imaginé? Elle
setoit imaginé quelle netoit point aimé de sa
sœur Sophie. Cest la jalouzie quelle avoit consu
contre cette sœur, qui l'a fait périre. Elle nous

5

a dit quelle setoit proposée plusieurs foi de
nous ouvrir son cœur, mais quelle navoit jamais osé le faire. Si elle ne setoit pas tu si long
tems sur la cause de ses chagrains, que nous
navons jamais conu, que nous navons meme
pu soupçoner, nous nous serions appliqué a
dissipez cette jalouzie, et nous aurions sauvé
cette malheureuze enfant, que la mort nous a
oté dans le printems de sa vie.— A peine furent
ils entré dans le vaissau, que ne pouvant plus
respirez, ils demeurerent immaubil; car ils
avoit nagé trop lontems et avec effor pour résis-
ter aux vague. Peu a peu il reprire leur forse;
on leur dona dautres habis, parce que les leur
étoit apezanti par lau qui les avoit penetré, et
qui couloit de toute part.

XXXIV.

Quelque briliante que soit les couleure que
lécrivin employe, quelque beauté quils seime
dans les détailles, si sa plume marche sans
guide, et jete a lavanture des traiz irreguliez
et des figure discordantes, lansamble choque-
ra, ou ne ce fera pas assez sentire; et, en admi-
rant lesprit de lauteur, on pourra soupçoner
quil manque de génie. C'est faute de plant,
et c'est pour navoir pas assez reflechi sur leur objet, que des home desprit ce trouvent embar-

rasé, et ne savent par ou commenser a écrire.
Ils apperscivent a la fin un grant nombre didée; et , comme il ne les on ni comparé ni sub-
ordonné, rien ne les détermine a preiferez les
une aux autre : ils demeure donc dans la per-
pleixitée; mais, lorsquils ce seront fait un plant ;
lorsquune foiz ils auront racemblé et mis en
ordre toute les pencée essenciel a leur sujet , ils
sapperservont aizémant de linstant auquel ils
doive prandre la plume; ils sentiront le point
de maturitée de la produxion de lesprit ; ii seront pressé de la faire eclore ; il nauront même
que du plézir a ecrir : les idée ce succedront
aizémant, et le stil sera naturel et facil ; la
chaleure neitra de se plézir, se reipendra partout et donera de la vie a chaque expression ;
tout sanimera de plus en plus, le ton seile-
vera, les objet prendrons de la couleure ; et le
santimant , se joigniant a la lumiere, logman-
tera, la portera plus loing , la fera passer de
se que lon dit a ce quon va dire , et le stil
deviendra inteiressant et lumineu.

XXXV.

LE VIEILIARD ET LES TROIS JEUNES HOME

Un octojcinaire plantoit.
Passe encor de batir ; mais planter a cette age !
Disoit trois jouvançaux , enfant du voizinaje
Assurement il radottoit.

6

Quon cherche alieur des debut plus simple,
plus net, plus vif, plus riche, dun tour plus
piquant.

> Car, au nom des dieu, je vous pries,
> Quel fruit de ce labeurre pouvez-vous recueillir ?
> Autant quun patriarche il vous faudroit vieillir.

Au nom des dieu est affectueuz; *je vous prie*
est familiez; *labeure* est tres poetique ; quon
essaye de mettre *travail : patriarche,* familier
encore.

> A quoi bon chargez votre vie
> Des soin dun avenire qui nest pas fait pour vous?

Il est dificil de dire micuz la meme chose , et
en moins de mos; *charger,* expression forte ;
charger votre vie, tour poetique.

> Ne songez desormais qua vos faute passé
> Quitez le long espoire et les vastes pensée :
> Tout cela ne convient qua nous.

Le caracteire du jeune homme est peins dans
se discourt ; le fond en est dézoblijean. *Songez*
a vos faute tien de loutrage. *Quitez le long es-*
poire et les vaste pensée. Quel vers, quil est
riche, quil est harmogneux! quel champ didée pour le lecteur! *Long espoir* est un lati-
nisme qui fait bauté. *Tout cela ne convien qua*
nous : cest la confiense du chesne.

> Il ne convient pas a vous meme,
> Repartit le vieliard. Tout etablissement
> Vien tart et dure peu.

Cette maxime tres belle, tres importante, est placé, on ne peut mieuz, dans la bouche d'un vieliard dune expérianse consomée.

XXXVI.

> La main des Parque bleme
> De vos jour et des mien se jou égallement.

Bleme fait imaje ; c'est la *pale mort* d'Horace. Le poette a imité le reste de la pensée de lauteur latin, mais en la rageunissant par un tours nouvau. Horace avoit dit : *La pale mort heurte également du piez a la porte des roix et a celle des bergez.* La Fontaine dit : *La parque bleme se jou egalement de la vie des jeune et des vieu.*

> Est il aucun momant
> Qui vous puisse assurer dun secon seulment ?

Cet un rézonnemant plin de filosofie. On voit avec quel force il est randu, et quel est leffet du mot *seulment* placé au bou du vers.

> Mes arriere-neveu me devront cet ombrage !
> Hé bien ! défandez vous au sage
> De se donner des soin pour le plaizir dautrui ?
> Cela meme est un fruit que je goute aujourdhuy :
> Jen puis jouir demin , et quelque jours encore.

Il n'est rien de plus noble que se sentiment. Si nos pere navoit travalié que pour eux, de quoi jouirions nous ?

Je puis enfin conter laurore
Plus dune foiz sur vos tombeau.

Ce tour poetique done un air gracieux a une
pensée triste par elle meme.

Le viéliart eut raison : lun des trois jouvanseau
Se neya dès le port, alant a l'Amérique ;
L'autre, afin de monter aux grande dignité ,
Dans les emploi de Mars servant la republique,
Par un coup imprevu vit ses jour emporté ;
Le troisieme tomba dun arbre
Que lui meme vouloit entez :
Et pleurés du vieliard , il grava sur leur marbre
Ce que je vien de raconter.

Le caractere du vieliart ce soutient jusquau
bou. Il les pleurat, quoiquils lui eusse parlé
avec peu de respect; mais il a tout pardoné a
la vivacitée de leur age. Il gemit de les voir
si tot moissonné.

XXXVII.

Des filou ont volé a ma seur tout les bijou
quelle avoit emporté en partant. Je ne sçaurois
vous dire les somes exhorbitante que ces bijou
lui avoit couté. Ils fesoit sa principal richesse.
Aussi la voila compleitement ruiné. Elle avoit
entrautres chose une tres joli bague quelle
nous a montré avant que de partir, et qui
avoit couté quatre vingt louis. Je lavois prié
den faire présent a sa filleule; mais elle sy
est opiniatrement refusé. Pourquoi vos lettre

marive-t-elle toujour tout ouverte, toute de-
cachetté? Je cachète toujours les miène avec
tant de précaucion! Jespere que dorenavent
vous cacheterez les votre avec le meme soin.
Ma cher tante, je vous avois prié d'apuyer
ma demande auprez de mon oncle. Mais je
ne pensois point que vous lapuyriez aux depends de mes couzine. Je ne veux point que
dezormais vous apuyez mes demande au pre-
judisse de vos enfant. Dans quelque semeine,
l'eglise nous preizantera des ramau beni ; et
ci nous les recevons avec les disposicion con-
venable, nous serons beni de celui au nom
du quel les ministre sacré nous les auront offert. Cete femme est bien malheureuze, et le
sera toujour, tant quelle ce livrera aux sentiment de jalouzie qui lont agitté depuis trois an.
Quelque soit les tort de son mari, quelque
juste que paroisse les pleinte quelle nous a
fait de lirreigularitée de sa conduite, elle de-
veroit pencer que les pleures quelle a vercé
jusqua ce jour, ont été inutile, et que les
emportement au quel elle sest laissé aler, sont
plus propre a éloigner encore d'avantage son
epous qua le rammenez. Quelque deifauts
quait un homme auquel une femme ce trouve
uni, ce nest que par la patianse et la doucenre
quelle doit chercher a len corigez.

XXXVII.

Ma seur mecris que la mort de son amie a été baucou plus promte quelle ne lavoit cru, quelle ne si étoit atendu. Je suis bien aise quelle ce soit trouvé absente au moment de ceṭe terible catastroffe. Les legume que votre couzine a fait venir de sa maison de campagne, sont il aussi bon quelle nous la annoncé, et quelle sest plu a nous le repeter tout leté derniez? Votre cheval est un des plus bau que jai jamais vu. Julie, je vous avois prié de maporter un paquet de clou doré, et de prendre les plus bau et les plus lon que vous pouriez trouver, dussiez vous les payez six sou la piece, et vous ne men avez aporté que de tres vilin et baucou tro cours. La victoire complette que nous avons ramporté, amene enfin la paix que nous navons cessé de dézirez depui tant danée. En matierre douvrages de prose et de vers, et surtout dans les piece dramatique, on dit quun auteur a bien ammené un insidant, une reconoissence, etc., pour dire quil les a fais venir a propoz, quil les a preparé avec art; et, en matière de contestation juridique, ou de disputte, on dit quune preuve est ammené de bien loing, pour dire quelle est recherché, quelle nest guerre naturel. On porte a plus de quatre vingt mille franc les somes que mon oncle a depencé dans les divers voyage quil a fait. Cest une chose rare quun ami fidele et genereus qui soublie lui meme pour ne s'occuper que des interet de son ami. Combien avez vous trouvé d'écu dans chaquun des deux sac que vous avez reçu ? Vous devez en avoir trouvé cent quatre vingt dans le premiez, et cent quatre vingt dix dans le segont. Jai vu quatre vingt soldat qui ont batu six vingt hussars. Je ne me rapele plus aujourdhuy auquun de ces joli conte que vous avez ecouté autrefoiz avec tant de plaisir, et que je me rapellois alors si facilment.

XXXIX.

Le peu de pistolles que jai ganié ont été dissipé en peu de tems, par le peu deconomi que ma femme a toujour aporté dans les deipanse de son meinaje. Je laisserai cependant a mes enfant plus de biens que je nen ai moi meme heirité de mes parans. Ma seur sest fait religieuse, et ne sen est jamais repanti. Jai gagné vint mille francs en lan mille huit cents dix ; mais je nen ai gagné que douze mille en lan mille huit cents treise. Mes enfans fairont toujour mes plus cher delice. Je les ai fait pindre tenant un oisau chaquun sur son doit. Mes

fille ce sont propozé daler vous voir demin matin ou demin au soir. Quelque bau que soit
les endrois ou tu es, tu ti deplais. Quelquez
endrois que tu aye vu, jen ai vu d'avantage.
En quelque vilins endrois que ce soit trouvé
ma sœur, elle si est toujours plu.

> Quelque soit mes destin, libre ou chargé de fer,
> Je pretens te hair, meme au fond des enfer.

Ma femme etoit parti toute eploré, elle es
revenu toute rayonante.

> C'est Venus toute entière a sa proye attaché.

Quelque soit nos ennemi, quelque nombreus
quils paroisse, quelque partizan quils aye,
quelque chaus que soit ces partisan, nous
trionferons. Quant nous serons prez a paroitre,
nous paroitrons, quoique on dise, quoique on
fasse. Cet home a le cœur bon; quand a la
tete, elle est bien mauvaise. Une discution sest
elevé entre ces deuz professeur qui se sont disputé fort lontems, et ne se sont pas entendu.
Il ce sont dechiré a bel dent. Il ce sont dit des
verité bien dure. Il ce sont eux meme couvert
d'oprobre devant une nombreuze assemblée.

XL.

La ville de Tobolsk, capitalle de la Sibérie,
est situé sur les rive de l'Irtish; au nort, elle

est entouré d'immance forez qui sétende jusqua la mer Glaciale : dans cette espasse de onze
cent werstes, on rancontre des montagne aride,
rocalieuse et couverte de naiges éternel ; des
plaines aincultc, depouiliée, ou dans les jours
les plus chaux de lanée, la terre ne deigelle
pas a un piez ; de triste et large fleuve dont les
au glacé nont jamaiz arosé une prérie, ni vu
epanouire une fleure. En avensant daventage
vers le pole, le cedres, les sapain, tous les
grans arbre disparoisse ; des broussailles de
meleses rampant et de bouleau nain devienne
le seule ornement de ces mizerable contrée;
enfin, des marcis chargé de mouce ce montre
comme le dernier efort dune nature expirante,
aprez quoi toute trasse de vejetacion disparoit ;
neanmoin cest la quau milieu des horreures
dun eternel hyvert, la nature a encor des
pompe magnifique ; c'est la que les aurore bo-
real sont freiquante et magestueuze, et quam-
brassant lhorison en forme darc tres clair, dou
parte des colone de lumière mobil, elle don-
nent a ces region hiperboré des spectacle dont les
merveille sont inconus aux peuple du midy.
Au sud de Tobolsk setand le cercle d'Ischim ;
des lande parsemé de tombau et entrecoupé de
lac ameir le seiparc des Kirguis, peuple no-
made et idolatre. A gauche, il est borné par

l'Irtish, qui va ce perdre, aprez de nonbreu deitour, sur les frontieire de la Chine, et a droite
par le Tobol. Les rive de se fleuve sont nu et
steiril ; elle ne prezante a l'euil que des fragment de roq brisé, entacé les un sur les autre,
et surmonté de quelque sapein ; a leur piez,
daus un angle du Tobol, on trouve le vilage
domanial de Saïmka ; sa distanse de Tobolsk
est de plus de six cent werstes. Placé jusqua la dernieire limitte du cercle, au milieu
duu paiis deizert, tout ce qui lantour est
sonbre come son soleille, et triste come son
clima.

XLI.

Cependant le cercle d'Ischim est surnomé
l'Italie de la Sibérie, parce quil a quelque jour
dété, et que lhyver ni dure que huit moi ;
mais il est dune rigueure extreime. Le van
du nort, qui soufle alort continuelment, arrive chargé des glasse des deizers arctique, et
en aporte un froit ci peinetrant et ci vif, que,
des le moi de septambre le Tobol charie des
glace. Une neige epeice tombe sur la terre,
et ne la quite plus qua la fin de mai. Il est
vrai qualort, quant le soleil comence a la fondre, cest une chose merveilleuze que la promtitude avec laquel les arbre ce couvre de feuille

et les chant de verdure : deux ou trois jour sufise a la nature pour faire epanouire toute ses fleures. On croiroit presque entandre le bruit de la veijetation ; les chaton des boulaus exale une odeure de rose, le cythise velu sempart de tout les endroiz humide ; des trouppe de cigogne, de canars tigré, doyes du nort, ce joue a la surface des laqs ; la gru blanche sanfonce dans les rozau des marcis soliterre pour y faire son nit, quelle nate industrieusement avec de petit jong ; et, dans les bois l'écureuille volant, sotant d'un arbre a lautre, et fendant lair a laide de ses pate et de sa queu chargé de laine, va ronjer les bourjon des peins et le tendre feuliage des boulau : ainsi, pour les etrez animé qui peuple ces froide contrée, il est encore dheureus jour ; mais, pour les exilé qui les habite, il nen est point.

La plupart de ces infortuné demeure dans les vilage qui bordent le fleuve depuis Tobolsk jusquau limite du cercle d'Ischism ; dautre sont relegué dans des cabane au milieu des chans. Le gouvernement fournit à la nouriture de quelques un ; ceus quil abandonent vivent de leurs chasse dhyver : presque tous sont en ces lieu lobjet de la pitié public, et ni sont designé que par le nom de malheureus.

XLII.

Les cavaliez que nous avons vu ariver hier sont reparti se matin. Nous les avons vu travercer la place de la haute ville. Le bruis des trompete nous a revelié, et nous nous some levé prontement. Le bruit du galot des chevreaux a frapé aussi nos oreilles, et nous avons reconnu les deuz brigade qui etoit arrivé la veille. Tout les abitant de la ville setoit levé comme nous, setoit mit pareilment a leur feneitres, et paroissoit emervelié de voir une ci belle troupe. Deux des chevau se sont jetté or des rans malgrez les efors des cavaliez qui vouloit les retenire. Ils se sont cabré plusieures fois, et nous avons crains quil ne blessasse quelquezuns des spectateur qui étoit dans les rue. Mais les cavaliez ont sçu les domter, et les ont ramené dans les rans.

La flote que nous avons vu mettre à la voile, a suivi la cote septantrional, et cest tenu constament sous la protexion des forts. Les prames angloises que nous avons vu la semaine passé, ne ce sont point offert a nos regars depuis deuz jour. Je croyois que la brume dont la mer étoit couverte hier matin nous empeichoit seul de les voir. Mais cette brume c'est dissipé, et nous napperçevons auquun vaissau ennemi dans le détrois. Mon fils et moi nous nous somes promené hier sur le sable de la mer. La marée etoit basse. Tout le rivaje etoit couvert dune foule nonbreuze dhome et de femme. Nous avons vu lancer un corsaire à lau. Nous somme rentré le soir, fort content de notre journée.

XLIII.

ELOGE DE LA VIE CHAMPETRE.

Est il un etat plus seduizant que detre placé loins de la coruption des ville, au milieuz de linocense pastoralle et des retreite fleuris de la nature? — Prezantez ces objetz a lanbicieux agité par les orage des cour, il sera surprit de gouter une paiz intérieur quil navoit point connu; et, par un retours sur lui meme, il envira lheureuze condicion du pasteur. « O » champs, secrie Horace, devenu courtizant, » quant vous verrai-je! quant me sera t'il » permit doubliez, tantot dans le someil, » tantot dans létude des ansien, et dans les » heurs oizive, les souci dune vie inquiete! » Comme ces idée ci simple vous enchante, aprez les recit fatiguans quil a fait de la ville et de la coure! come il est rammené par un charme puissant a lamour des campagne! Cest le veu de tout les home : ils ont bau santourer de lapareil des fete et de la ponpe des spectacle, il nen est auquun qui naime a revoir un bau jour de printems et dagreste paysages : on quitte les jardin les plus fastueuz, pour seigarer dans une prérie sovage, prez dun ruiceau qui murmur doucement sur des caliou, et senble apeller la reiverie. Cest alort que lhome ce retrouve avec lui meme; il nest plus inportuné du luxe des grans et des monument de lorgueil : il est seul avec la nature, qui le console, et qui porte a ses sens le baume de la joye avec celui des fleure.

XLIV.

La prame que nous avons vu prendre cest defendu avec une rare intrepidiée. La fregate enemi qui sen est emparé, a faite une maneuvre habil, et la separé des deuz autres prame qui auroit pu la secourirre. Une fusiliade tres vive cest engagé entre la frégate et la prame. Come la fregate etoit quatre fois plus forte que la prame, celle si a du sucombez. Mais elle ne sest rendu quaprez avoir vu tomber son pilote, son comandant et les deuz tierts de lequipage. Elle sest vu alors réduit a amener, et les Anglois lont amariné. Deuz matelos ce sont jeté a la mer, et ont mieuz aimé

s'exposer a périre dans les flos que detre em‑
mené prisoniez en Angleterre. Leur courage
les a sauvé : aprez avoir nagé pendant une
demi heure, ils ont rejoint une prame qui les
à reçu, et leur a doné sur le chant tous les
secourts dont ils avoit bezoin. Tout nos bati‑
ment ce sont batu avec un égale courage con‑
tre les vaissauz enemi. Ils les avoit meme fait
fuir la veille. Mais les Anglois etoit revenu pen‑
dant la nuit avec des forse superieur. Nous
avons été temoin de se combat, et nous ne
craignons pas de dire que cest un des plus vif
que lon ait vu se livrer dans le detrois. Les nom‑
breuz spectateur, placé sur le haut des dunes,
ou sur les rempars de la ville, on cru dabort
que la fregate angloise setoit laissé prendre ; et
tous les coeur etoit penetré dune grande joye.
Mais cette joye cest changé en une douleure
profonde, lorsque nous avons reconu que
cetoit notre prame qui venoit detre amariné.

XLV.

Ma cousine, que javois prié de macheter une
douzène et demi de peiche, ne meu a acheté
quune demi dousaine. Je lai prié de reiparez
sa faute le lendemain, et elle men a acheté deux
dousaine et demi ; mais elle les a payé trop
chère. Ma soeur a desiré quon lui acheta un

D

pagnez de six vingt abricos pour en faire de la marmelade. Elle en a trouvé plus de quatre vint qui etoit trop mur. Nous alames voir, la semaine derniere, lhospice des quinze vint. Vous sçavez que cète maison a été fondé par S. Louis pour servire de retrète a troiz cent gentizome qui étoit revenu aveugle de lexpedicion de la Terre-Sainte. Jai reçu les deux cent vint bouteille de vin de Bordeaux que vous mavez envoyé. Je vous les payerai à mon retoure, ainci que les quatre vint bouteille de genièvre que vous avez bien voulu me céder. Quelqu'ait été nos fatigue, nous les avons suporté avec paciance ; quelque danger que nous ayons couru, nous les avons bravé ; quelque dure, quelque nombreuze privacion qu'il ait falu nous impozer, nous nous y somes assujeti; quelque longue quait été nos soufrance, notre courage ne nous a jamais abandoné. Connessez-vous tous les home celebre que le departement de l'Aisne a vu naitre? Le grand Racine, l'inimitable La Fontaine, et plusieurz autre ecrivins illustre, sont né dans se département. Parmis les grans homes que la ville de Genève a produis, on distingue surtout Jean-Jacques Rousseau.

XLVI.

Rien nest plus admirable que lindustry que deploye les oizeaux dans la construxion de leurs nid. Lors que le zephire ramenne le printems, et qu'un douz soleil fait renaitre le feuliage, des trouppe doizaux voyageure revienne dans nos climas, et comancent a chantez leurs amour. Un instint secrez les avertis de la naissance de leur petis.

Tout les lieu son peuplé de leur troupes volage;
Les forez, les gazon, les rozau, les bocage,
Leur servent a cachez mil berceau charmant ;
Chantres harmonieux, architecte sçavant,
On les vois travalier a leur petis ménages;
Ils remplisse les air des plus joyeuz ramage ,
Et celebre lamour pour charmez leur travau.
Lun battit hardiment sa hute sur les eauz
Pour mieuz la preservez des fureure de lorage,
Il l'atache avec art au plante du rivage ,
Et son nid, retenu par ces flexible neuz,
Balansé sur les flos, monte ou baisse avec euz.
Lautre construis le sien comme une pyramyde
Et pour nous derobez sa famille thimyde,
Dun bec industryeuz eleve une cloison
Qui partage en deuz pars sa legerre maison.
Cependant le remiz, sur une onde tranquile,
Vien suspaudre son nid a la branche mobil,
De la maternitée goutte en paiz les plaisir,
Et livre son hamac au soufle des zephires ;
Tandi que des serpent la trouppe fugitive
Rempe, glisse, se dresse et sifle sur la rive,
Et, l'œuil etincelant, contenple avec fureur
Le nid ou cet oizau, reposant sans frayeure,

Vois ses petis, joyeux, sortire de leurs coquille,
Et chante tendrement son aimable famille.

A peine tout ces nid sont ils achevé que
les femelle socupent a pondre. Ces petis etre
si vif, si legez, si inconstant, devienne tout
a coup fidels a leurs œuf. Les femelle ne
chante pas, surment parce quetant destinés
a restez sur leurs couvé, ce talent auroit pû
devenir funeste a leur petis, en atirant les
chasseur. Cependant le male ce place quelquefoiz sur un arbre voizin, et charme les
peine maternèle par les symphonie les plus
douce. S'il faut en croire Dupont de Ne-
mours, qui, come vous le sçavez, conprenoit
le langage des oizaux, et a qui nous devons
la traduxion de lhymne du rossignole, le
male pendant les couvé de la femèle, dit les
plus joli chose du monde.

XLVI.

Il ce presente ici une observacion importante. Remarquez que, dans cette scene et
dans les autre morceau que j'ai cité ou que je
citerai come les meilleur, la diction nest point
au dessous des sentimans et des idé, quelle
noffre que très peu de faute et des faute très
legère. Cest une nouvel preuve de cette vei-
rité que jai deja établi ailleurs, et que tout

sert a confirmez, quen general il existe un raport naturel et presque infaillible entre la maniere de penser et de sentire, et celle de sexprimez; que lune dépent beaucoup de lautre, et qu'il est rare que cette dépendanse nait pas un effet sensible. J'ai observé, après Voltaire, que tous les endroiz ou Corneille a le mieux pensé et le mieux senti, sont aussi ceux ou il a le mieux écri. Cest donc a tor que lon a voulu tant de foiz faire du talent d'écrire une facultée distincte et separé des autre, surtout dans les poète; que l'on a voulu nous faire croire que, dans les mauvaise piece de Corneille ou dans les mauvais endroiz de ses meilleur pièce, il ne manque quune versification plus soigné. A lexamen, cette assercion ce trouveroit fausse; et ceux qui lont renouvellé a propos de Crébillon, ou ce sont trompé de meme, ou vouloit trompez. Ils ne songe pas que le style comprent les sentimans et les pensé, et que dans toute les pieces foible de Crébillon comme dans celles ou Corneille a été si inferieur à lui même, les sentimans et les pensé ne vale pas mieux que les vers. Sans doute que la diction est plus ou moins elegante, plus ou moins poétique, plus ou moins travaillé dans tel ou tel écrivain; mais elle a dans

3

chacun d'eux un different caractere, et ce caractère meme est relatif a celui de leur talent. Mais generalement lhomme qui écri mal à mal pensé ; et ce qu'on voudroit faire passez pour un simple defaut de gout dans le style, est un defaut dans lesprit, et un manque de justesse, de netteté, de vérité, de force dans les idés et dans les sentiment. Pourquoi Racine est il celui des moderne qui a le mieux fait des vers? est ce seulement parce quils sont très bien tourné? cest parce que toute les idée sont juste et les sentiment vrai.

XLVII.

Mesdemoiselle, je suis faché de navoir point trouvé en vous les connoissance grammaticals que vous vous etiez flaté vous meme de possédez dans un si haut degrez. Vous avez du reconnaitre avec chagrain combien ces pretencions étoit mal fondé, combien vous vous étiez abuzé dans vos pensée présomptueuse. Mais cète erreure dont vous vous etes appersu, ne vous aura sans doute pas decouragé. Au contraire, elle vous auras surement exsité a redoublez defort pour vous rendre plus familieire les regle de la grammaire que vous avez reconnu que vous ne poscediez encor quinparfeittement. Quelque difficile que soi ces regle, quelque peines que vous ayez éprouvé pour en faire une juste aplicacion, vous ne devez pas désesperez de voire enfin vos traveaux couroné du succès le plus complet. Quelque soit les degout que vous aurons fait essuyez ces regle seches et ennuyeuse, vous vous applaudirez un jour de ne vous etre laissé rebutter ni par lariditée des précepte, ni par le peu de succès que vous aurez obtenu dans les comencement. Vous sçavez conbien de peines ces regles ont couté au demoiselle qui vous ont precedé dans la meme carrierre. Conbien de foiz ne les avez vous pas vu toute affligé, toute decouragé de l'inutilitée de leurs efforts! mais aussi conbien d'eloge, conbien d'aplaudissemens leur a valu leur perseverance dans le travaille! Soyez sur que vous obtienderez les meme succes que vous avez vu quelles ont obtenu, si vous suivez leurs traces avec la meme ardeure. Vous avez deja vincu plus de dificultées quelles nen avoit surmontés a votre age. La conoissanse parfaitte de notre langue est sandoute plus dificille a acquerire que vous ne laviez cru dabort. Mais aussi quelle merite y auroit il a la possedez, si vous laviez obtenu sans peine? *A vincre sans perille, on trionfe sans gloire.* Vous m'objec-

4

trez peut ètre que vous vous etes deja doné
beaucoup de peine. Mais ces peines sont loing
de pouvoir etre comparé au peine que s'etoit
doné les compagne dont nous venons de parlez. Aussi, pandant les derniez moi quelles
ont passé dans cète maizon, elles ce sont
plu à nous entretenire de la joie quelles ont
enfin ressanti de ne setre pas laissé decouragez par les epinne quelles ont rencontré dans
la carrierre que vous avez vu quélles venoit
de parcourire. Ces regle que vous aurez dabort trouvé rebutante, et que nous vous auront forcé de repeter tant de foiz, ce grave-
ront enfin dans votre esprit pour nen plus
sortire, et vous direz avec nous qu*a force de
forger, on devien forgeron.*

XLVIII.

Le mansonje et la véritée que vous avez
toujour confondu, que vous navez jamaiz
sçu distinguez, sont bien opposé, bien aisé
a recouoitre, et toujours surement discerné
par lhome qui a le sens droit. Vos soeur
sont entré dans ma chambre a mon insu,
sans que votre mère en ait eu conaissanse,
sans que les dommestique les ait vu entrez;
et, à mon retours, j'ai trouvé tout boulvercé,
tout sans dessus dessouz. Vos cousine, quel-

que savante quelle soit, igniorent encor bien
des chose, quelle devroit ce montrez plus
enprescé daprendre. Quelque prix quelles
ait ranporté dans leur pencion, et quelque
soit les louange que leur on prodighé des
maitresse trot complaizante quelles avoit sçu
gagniez, quelles sétoit attaché par des soinz
assiduts et des flattries inteirescé, je nai
point trouvé en elles les conaissances et les
perfexion que je leur ai entandu attribuez,
que les homes et les femme ce son plu à leur
accordez. Leur douceure et leur sencibilitée
que jai entandu vantez si souvent, ne ce
sont encor manifesté ni enverd les domestique ni enverd les pauvre. Si josois vous
exprimez franchemant ma pencée a leur
égart, je vous dirois quelles on lair trom-
peure, et que je ne suis point la duppe de
leur hipocrisye. Les deuz muziciens etrangez que vous aviez invité a votre consert, et
que la sociétée a entandu chanter avec tant
de plaisir, ont exécuté plusieurs baux duo
qui ont été vivemant aplaudi. Mais je suis
surpriz que personne nait aplaudi la romanse
italiène que nous avons entandu chanter im-
mediattement aprez louverture d'Iphigénie,
et qui cependant ma semblé très joli. Vous
sçavez, messieurs, que les caillouz et les

épine que mes sœurs ont rencontré en tonbant, sur lesquels elle sont tombé, sur lesquel nous les avons vu tombez, sur lesquel nous vous avons vu les poussez, les on mise dans un état epouvantable, qui les a empeché de sortire pendant plusieur jour. Elle ce sont relevé tout ecorché, toute dégoutante de sang, les genouz et les jambe toute emporté, la figure toute meurtri, les bras touts disloqué.

XLIX.

On apèle disciple de Jésus-Christ, ceuz qui suive la doctrine de Jésus-Christ, et prinsipalment les apôtres, et les autre que le Sauveur avoit choisi pour prechez levangile. — Les chevaux que vous avez atelé a notre voiture ce sont enpétré dans leur trais. — Ma mère a été ému de compascion a la vu des pleures que vous avez vercé. — Ma bone amie, tu as été trompé par les parolles enmiclé de cète femme pleine d'astuce, et tu le sera toujour toute les foiz que tu ecoutra de pareil gens. Si vous ne venez pas chez moi cet aprez midy, jirai vous voire demin au soir, ou bien aprez-demin matin. Voulez-vous que je vous renvoyes le parapluie et la capotte que vous avez laissé chez moi, ou qui y ont été oublié par votre femme de chanbre? Tullus navoit plus dépouze; il rassenbloit toute sa tendrèce sur son fils Numa. Le ciel sembloit vouloire recompensez les vertue du vieliard par les don quil avoit prodigué au jeune home. Tullus, de concert avec son roi, a ordonné la fete de Cérès. Chaque anée, avent que de comancez la moisçon, tout les laboureur, paré de leur plus bauz habis, ce rassemble dans la ville de Cures. C'est de la quil parte pour aller au temple. Les joueur de flutte ouvre la marche, ensuitte, vienne de jeune vierges, portans sur leur têtes, dans des corbeils orné de fleure, des ofrande purs pour la deesse. Les enfan des laboureur marche après elles, vetu de robes blanche, couroné de bluet, et conduisant le vorace animal qui se nourit des fruis du chene. Cete troupe nonbreuze, fiere de gardez la victime, veut afecter une gravitée toujour derangé par leur joye bruyante. Leur pères les suive dun pas tardiffe, en recommandant le silanse, et pardonant detre mal obei. Chaquun deux porte dans ses mains une gerbe, premice de sa moisson. Les prinses, les guerrié, les magistras nont plus de rang dans se grand jour, et cède le pas avec respect a ceux qui les on nouri.

6.

L.

Ces deuz home ce sont batu a cous de piez
et a cous de poins. On a apelé la garde, qui
est venu aussitot, et les a enmené piez et
poins lié. Vos deuz couzine ce sont perdu en
veine deimarche pour obtenir les deuz place
quon avoit promis a leurs mari. Quels home
que les deuz Caton! La France a eu ses César,
ses Caton, ses Pompée. Ces messieux vous
avoit preté leur chevaus; ils demandes quon
les leur renvoye, renvoyez les leur. Tout ses
honeur, toute ses richesses et toute sa vertu ce
sont evanoui. Ce sont eux qui, rempant toujour, ce sont elevé ci haut. Mes frère ce son
vu enlever leur biens par un jugement contraire a toutes les loi de la justisse. Je les ai
trouvé mouran de douleure. Ma sœur cest
laissé attendrire au recit de leur infortune. Je
lai vu vercer des larme sur le sort de nos maleureux frère. Cest elle que vos tante on vu
chez moi, lorsquelles y sont venu. Les deuz
portrais que vous mavez comandé, sont fais
depuis plusieur jour. Lorsque je les ai eu fini,
de vous les ai envoyé, et je suis bien surprit
que vous ne les ayez point reçu. Je les ai fais
porter au burau des messageris par un home
de confianse. Voila les femme que tu as envoyé

cherchez tes liqueures. Voila les liqueur que
tu as envoyé chercher. Annette mavoit demandé des poire; je lui en ai envoyé vingt quelle a
trouvé fort bonne. Nous nous somes plu a
vous contredir pendant toute la seance de la
semaine derniere : mais nous nous en some
repanti depuis.

LI.

Ces femme que vous avez laissé passer nauroit pas du etre admise dans notre assemblée.
Pourquoi ne les avez vous pas empeché dentrez? Vous sçavez les chaleures quil a fait au
mois de septanbre : cest un des plus bau mois
quil y ait eu cet anée. Ma tante est arrivé
hiere au soir; quant je lai eu enbracé, elle ma
demandé de vos nouvelle. Elle regraite baucou les somes que son voyage lui a couté. Votre
famille lui a rendu tout les servisses quelle a
pu. Combien de grandes antreprise cet home
a consu et exécuté pendant les quatre vingt
an quil a vécu? Votre mere, que jai vu, sest
plaint de votre inaplicacion. Je vous envoye
ci-joint une lettre quelle m'avoit dejà ecrit a
ce sujet. Les enfans que vous avez fais tomber en passant, se sont laissé appaisez par les
fruits que nous leurs avons ofers. Prens les
deuz grans et joli chevaus que tu a vu dans

l'ecuris, et menes les a l'abreuvoire que je
tai montré se matin. Tes crime, quelquil
soit, te seront pardoné, si tu invoque la
clemanse divine avec un cœur contrit et hu-
milié. Quelque grans crimes que tu aye commis, ne desespere point d'en obtenir le par-
don : car la misericorde de Dieu est infini.
Quelque grans que soit tes crimes, la misericorde de Dieu est encor plus grande.

Quelque crimes toujours precedent les
grans crime.

LII.

On dit que quelque signe de revolte ce sont
manifesté. Conoissez vous quelque nouvelle
qui vaille la paine detre raconté? Trajan est
un des plus grans prinse qui ait regné. Ces
jeune demoiselle que vous avez laissé jouez
trop lontems, nont pas rampli la tache que
je leur avoit donné a faire. La piesse nouvelle
que la polisse a laissé jouer ma paru aussi
contraire aux mœurs quau bon gout. Ruth,
que Booz avoit ancouragé a glanez dans son
chant, fut ensuite reconnu par ce sage viéliart pour etre de sa famille; et, aprez quil
leut reconnu pour sa parante, il lui offrit sa
min. Les succeis que jai sçu que vous avez
obtenu dans la campagne que nous avons

terminé avec tant de gloire, ont calmé les
chagrains que mavoit cauzé votre depars. La
tapisserie que vous aviez comandé quon vous
fit, nest point achevé. Les maladie quil y a
eu parmis nos ouvriez, ont retardé l'execu-
tion de ce belle ouvrage. Jai vu les estam-
pes que vous avez acheté ; je les ai trouvé très
bel. Je suis surprit que vous ne vous les soyez
pas procuré plutot. Votre amie ma comuniqué les difficulté qui prolonge son sejour a
Paris. Je ne me les serois pas imaginé. Ses
parens ce sont doné tous les mouvemens
quils ont pu pour les levez. Mais tout les
efors quils ont fait ont été inutile. L'alouette
que vous mavez doné, sest laissé mourir de
fain. Mes amis ne ce sont point trouvé au
rendez-vous quils mavoit doné. Je les ai
atendu pendant une demie heure ; et ils ne
sont point venu.

LIII.

Votre amie viens de faire baucou de de-
pance : elle cest fait pindre ; elle a acheté
de bel robe, et baucou de bijou. Elle cest
imaginé que cela la rendroit plus inteires-
sante. Elle setoit laissé séduir par le mauvais
exemple des damme de sa société ; mais elle
a bientot reconu quelle setoit trompé ; et elle

cest repanti de toute les deipence quon lavoit
excité a faire. Les prune que vous mavez
doné, je les ai mangé, et je les ai trouvé fort
bones. Les bel perdris rouge que javois trouvé, je les ai laissé anvoler. Cest hiers, je
croi, quelle ce sont anvolé. Les tourterelles
que javois elevé, je les ai laissé mourir de
fin; quant à celle que javois doné à ma
seur, elle les a laissé tuez par son fils. La
tasse qui mavoit été donné pour etreine, je lai
laissé tomber. Elle a été cassé en mil morsaus. L'épeingle que javois reçu de ma tante,
je lai perdu. Je lavoi laissé dans ma chambre;
quelquun la emporté, sans que nous nous
en soyons apersu. Jai reçu les lettres que
vous maviez adressé au sugez de la faire que
je vous avois propozé; et jai reconu, comme
vous, que, si nous lavions entrepris, nous
y aurions rancontré des obstacle que je navois pas praivu dabort. La jeune compagne
a qui ma couzine a confié ses secrez, ne cest
point montré discrette. Elle a compleittement
abuzé de la confianse que ma couzine avoit
mis en elle. Ma couzine a été lontems in-
quiette des suittes quauroit cette indiscretion.
On a reçu la nouvelle de deuz combas qui ce
sont livré a la hauteure du Texel.

LIV.

CHARLEMAGNE.

Charlemagne avois montré que le geinit dun grant preinse a plu de pouvoir pour reiformez son sieicle que son sieicle nen a pour arretez son geini. Son epoque est la premieire et la plus impozante de l'histoire moderne. Seul il paroit avec éclat au milieu des teineibres universel quil dissipe un moment; et son nom imprime encor quelle que grandeur au bersau des monarchis moderne, qui ne sont que des debris de son empire.

Mais l'Europe, quant il disparut, retonba dans se caho de barbari ou il avoit si rapidement jetté les plus grans trais de lumieire. Rome, quil avoit en quelle que sorte fait sortire des ruynes acumulé par les Goths, les Vandales et les Lombards; Rome, dont il retrouva les anciène borne, et qui reprit avec lui vingt septres quelle avoit perdu, Rome mourut presque toute antière avec se nouveau César, et ne fut plus quun souvenir.

Le vaste empir que se grant homme avoit elevé et soutenu prez de cincante an, ecraza sous son pois ses trot faible successeur. On ne voit aprez lui que des ceine dopprobre et de dezolacion; des nevœus egorgé par leurs oncle,

des frere ce combatant avec toute la ferocitée
dune ambition qui nest jamais justifié par le
talant; un pere deitroné par ses propre fils;
des eveiques, complisse de se forfait, condan-
nant un feible monarque, qui, par lexceis de
sa bassèce, a meirité quon ne pleignit point
lexceis de son malheur.

A ces calamitées intérieure se meile des calamitées etrengeire. Le nor vomit encore des es-
seins de barbare qui fonde sur lempire de
Charlemagne, come autrefois sur le premier
empire romain. Ils en ravage toute les partis;
et les lache dessendant de Charlemagne, ain-
capable de ce defandre, acheite, avec leur
villes et leurs provinse, les servisse de leurs
puissants favorits. Ces favorits eux meme,
agrandi aux depends de leurs maitres, devien-
nent aussi redoutable à la France que les
uzurpateurs etrangez. Tout veullent être sou-
verains, des quun seule nest plus digne de
letre.

(M. DE FONTANES.)

LV.

COMBAT DES THERMOPYLES.

Pendan la nuit Léonidas avoit été instrui
du progez des Perses par des trensfuges échapé du can de Xercès; et le landemin matin,

il le fut de leurs succeis par des sentineile
acouru du haut de la montagne. A cette terrible
nouvel, les cheffes des Grecs sassembleirent.
Come les uns étoit davis de seiloiniez des Thermopyles, les autres dy restez, Léonidas les
conjura de ce reizervez pour des tems plus
heureux, et deiclara que, quant a lui et a ses
companions, il ne leur etoit pas permi de quiter un poste que Sparte leur avoit confié. Les
Thespiens protesteire quil nabandoneroit
point les Spartiates; les quatre cent Thébains, soit de gré, soit de forse, prire le
menre parti; le reste de larmée eut le tems de
sortir du défilé.

Cependant ce prinse ce disposoit à la plus
hardi des entreprises. « Ce nest point icy, dit
il a ses companion, que nous devon conbattre; il faut marcher a la tante de Xercès,
limmoler, ou peirire au milieuz de son can. »
Ses soldas ne reipondire que par un crit de
joye. Il leurs fait prandre un repa frugale,
en ajoutan : « Nous en prendront bientot
un autre chez Pluton. » Toute ses parolle
laissoit une inprécion profonde dans les es-
pris. Prez dataquer l'eunemi, il est eimu sur
le sort de deux Spartiates qui lui etoit uni par
le sang et par lamitiée : il done au premier une
letre, au secont une comicion secreite pour les

magistras de Lacédémone. *Nous ne somme pas icy*, dise t'il, *pour porter des ordre, mais pour conbattre ;* et, sans atandre sa raiponce, il vont se placer dans les rans quon leur avoit assinié.

Au milieuz de la nui, les Grecs, Léonidas a leur tete, sorte du deifilé, avansent a pas redoublé dans la plaine, renverce les poste avensé, et peineitre dans la tente de Xercès, qui avoit deja pris la fuite ; ils entre dans les tente voizine, ce reipande dans le can, et se rassasie de carnage. La terreure quils inspire ce reproduit a chaque pas, a chaque ainstant, avec des sirconstanses plus efrayante. Des bruys sours, des criz afreuz anonce que les troupe d'Hydarnès sont detruite, que toute larmée le sera biento par les forse réuni de la Grèce.

LVI.

Les plus courajeus des Perses, ne pouvans entandre la voiz de leur generaux, ne sachant ou portez leur pas, ou dirigez leur cous, ce jetoit au hasart dan la meilée, et perissoit par les mins les uns des autre, lorsque les premier reyon du soleil ofrirent a leurs yeux le petit nombre de vinqueur. Ils ce forment aussitot, et attaque les Grecs de toute pars. Leonidas

tonbe sous une greile de trais. Lhoneure dan-
levez son cors engage un conba terrible antre
ses conpanion et les troupe les plus aguerri de
larmée persane. Deux frère de Xerxès, quau-
titée de Perses, plusieur Spartiates i perdire
la vie. A la fin, les Grecs, quoique epuizé et
afaibli par leur pertes, enleive leur general,
repousse quatre foiz lennemi dans leur retreite, et, après avoir ganié le deifilé, fran-
chisse le retranchemant, et vont ce placez sur
la petite coline qui est auprez d'Anthéla : il
ci defendire encor quelque momant, et contre les troupe qui les suivoit, et contre celles
qu'Hydarnès avoit amené de lautre coté du
deitrois.

Ombres genereuse, votre memoir subsiste-
ra plus longtems que lanpire des Perses au-
quels vous avez reizisté; et, jusqua la fein
des cieicles, votre exemple produirat dans les
cœur qui cherisse leur patri le recueillement
ou lentouziasme de ladmiracion.

Avent que laxion fut terminé, quelque
Thébains, a se quon preitant, ce rendirent aux
Perses. Les Thespiens partagere les explois
et la destinée des Spartiates; et cependant la
gloire des Spartiates a presque eclipsé celle des
Thespiens. Parmis les cause qui ont influé sur
lopinion public, on doit observez que la re-

zolucion de perire aux Thermopyles fut dans
les premiez un progez conſu, areité et suivi
avec autant de ſanfroit que de conſtance; au
lieu que dans les secons se ne fut quune sail-
lie de bravour et de vertue, excité par lexemple. Les Thespiens ne séleveirent audessu des
autres homes que parceque les Spartiates cétoit élevés audessu deux même.

LVII.

Lacédémone sanorgueillit de la perte de ses
guerriez : tout se qui la conserne ainspire de
linteireit. Pendant quils étoit aux Thermopyles, un Trachinien voulan leurs donner
une haute idé de larmé de Xerxès, leurs disoit que le nombre de leur trais suſiroit pour
obscurcire le soleil. *Tant mieux*, reipondit
le spartiate Diénécès, *nous combatrons a
lombre*. Un autre, envoyé par Léonidas à
Lacédémone, etoit retenu au bourg d'Alpé-
nus par une fluction sur les yeux : on vin
lui dir que le detachement d'Hydarnès etoit
dessendu de la montagne, et peineitroit dans
le deiſilé. Il prant aussitot ses armes, ordone
a son esclave de le conduir a lennemi, lataque
au hazart, et reçoit la mort quil en atendoit.

Deuz autres, egalement absans par ordre

du général, fure soupsoné, a leur retour, de navoir pas fait tout leurs efors pour ce trouver au combat. Se doute les couvri d'infami : luu saracha la vie ; lautre neut dautre ressource que de la perdre quelque tems aprez, a la bataille de Platée.

Le deivouement de Léonidas et de ses companion produisi plus deffet que la victoire la plus briliante. Il aprit aux Grecs le secrez de leur forses, aux Perses selui de leur faiblèce. Xerxès, efreyé davoir une ci grande quantitée dhomes et si peu de soldas, ne le fut pas moin daprendre que la Grèce ranfermoit dans son siu une multitude de defenceur aussi intrepide que les Thespiens, et huit mil Spartiates semblable a ceuz qui venoit de peirire. Dun autre côté, létonement dont ces derniez remplire les Grecs, se chanja bientot en un dezir violan de les imiter. Lambition de la gloire, lamour de la patri, toute les vertu fure portés au plus haut degrez, et les ames a une eleivacion jusqualors inconnu. Cest la le tems des grande choze, et ce nest pas celui quil faut choizire pour donnez des fers a un peuple libre.

BARTHÉLEMY (*Voyage d'Anacharsis*).

LVIII.

Jai touché troiz mil frans en lan mil huit
ceus sept, dans la ville de Lubeck, qui est
a sinquante mil de celle que jai habité depuy
deuz an. Ma sœur, que jai vu pindre, employe
de bones couleur. Jai été dans le fon de mon
departement; jy ai fait des fon pour me pro-
curer un fon de terre; mais je ne fais pas fon
sur la parole quon ma doné. Jai acheté le fon
de boutique de se marchent qui est ruiné de
font en conble. Le fuzi et lépée que javois
emporté, ont baucou servi a ma defance contre
les brigans qui nous ont attaqué au milieu de
la forez de Fontainebleau. Nous en avons tué
plusieur, et la jandarmerie qui est survenu,
sest emparé de quelques autre quelle a conduit dans les prizon de Paris. Je pense toujour avec plaisir au sanfroit et a lintreipidi-
tée que mon fils a montré dans se peril emi-
nant. Aprez le conbat, la terre etoit toute
bàinié, toute trempé, toute abreuvé de sang.
Quelle sera la douleure de ma tente en apre-
nant que ses deuz fils ont peiri! Quelque
preicaucions que je prène, de quelque mei-
nagemens que juse pour lui anoncer cète afreuse
nouvèle, je crins quelle ne puisse suporter un
si grant malheur. Quelque soit les suittes de

cette nouvele, je ne puis differez davantage de la lui aprandre. Ce nest qua regrez quelle a laissé partire ses enfant. Il senbloit quelle eut de secrez pressentimens du malhcur qui lui est arrívé. Quelque grans que soit les chagrin quelle a éprouvé jusqua ce jour, il ne peuvent etre comparé a ceux dont elle va etre accablé en se moment.

LIX.

Deuz route sofroit au grant Hercule. Celle de la volupté étoit semé de fleur; celle de la vertu et de la gloire étoit rude, escarpé. Il laissa celle la aux homes enervé et lache et il prefera celle ci. Na tu rien a me demandez; dit Alexandre a Diogène, qui étoit dans son tonau? Jai a te demandez, reipondit le cinique, de totez de devant mon soleil. Jai été hier entandre lorgue de leglise de Notre-Dame. Jai toujours beaucoup de pleizir a entandre cette orgue, a entendre de pareils orgüe. Je connais parfettement mademoizel votre seur, et je puis vous faire son portrait. Elle a le vizage oval, le tein bleimc, le manton pointu, la bouche petitte, les levre bien façonné et bien vermeil, les dens bien arangé et d'une grande blancheure, le nez aquilain, les yeux bleu et vif, les sourcis epcis, le

E

frond elevé, les cheveus chatein clair et lons. Jajouterai quelle a la voix aigu, la taille efilé, la deimarche lante. Si je vous feisois lhistoire des erreures de lesprit humain, vous veiriez coment elles se sont succédé, coment elle ce sont amené les une les autres. Les cochez qui nous ont atendu, setoit soulé dans le cabarait ou nous les avions laissé. Ces cochez sou nous ont embourbé en revenant. Mes sœurs sont rentré hier au soir toute triste, toute affligé, toute deizolé. Jai trouvé votre couzine bien changé. Elle est toute autre quelle netoit avant son deipart. Plusieur personne sont venu pour me voir pandant que jetois sorti; et cepandant, a mon retours, les gens de la maizon mont assuré que personne netoit venue me demandez.

LX.

Votre mère est une des plus aimable persone que jai jamais connu. Coment avez vous pu oubliez la musique que je dezirois tant que vous maportaciez? Ma bone ami, a tu été hier a la campagne, come tu te letois proposé? Si tu y va encor la semeine procheine, vien me dir adieu avent que tu parte. Pour moi, je conte rester a Paris toute cète semeine cy. Jai rencontré hier ta seur; mais elle avoit

laire tres pressée. A paine a t'elle pu me dire
bon jour en courant. Jai demandé a ma jeune
parante ci elle étoit contente de sa nouvel pancion. Elle cest empressé de me reipondre : je
le suis baucou. Je lui ai demandé encor : ete
vous la favorite de la première maitresse ? je
la suis, ma t'elle reipondu. Vous payez sandoute une pancion considerable dans cète
maisou ? je ne le sais pas, me dit elle ; mais,
quelque soi cète pencion, je fait tout mes
efors pour que largent de mes paran ne soi pas
perdu : quant une jeune persone doit passer
un sertin tems dans une maizon deducation,
ne vaut il pas mieux quelle si aplique a aque-
rire des conoissences qui lui seront util pour
toute sa vie, que de perdre des anée prei-
tieuze quon regreite toujour de navoir pas
mieux employé ?

LXI.

Les orateur et les poete ce sont disputé
lhoneure de transmetre à la postéritée les fais
glorieuz de *Henri* le Grant. La reine na du
son salut qua la fermetée quelle a montré.
Quel tandres emocions navons nous pas
eprouyé, en nous retrouvans dans les lieu qui
nous on vu naitre ! Jai lu la lettre que vous
avez ecrit a ma fille. Les fautes dortografe que

jy ai remarqué, prouve que vous lavez ecrit
avec precipitation, et que vous ne lavez point
relu. Votre mere, toute instruite quelle etoit,
relizoit toujours ses lètres, quant elles les avoit
écrit. Je vous engage a suivre tous les bons
exemple quelle vous a laissé. Ces juge, malgrez les intrigue dont on les avoit antouré,
ne ce sont point ecarté du santiez de la justisse. Il ne ce sont point laissé seduir par les
promesse quon leur a fait; il ne ce sont point
laissé intimidez par la crinte des meaus dont
on les a menacé. Nos troupe ce sont anparé
de la sitadelle. La garnizon que les Anglois
y avoit mis en partant, a été passé au fil de
lepée. Je vous ai donné les conceil que jai cru
les plus propres a faire réucire l'entreprise que
jai sçu que vous vouliez faire. Coment pourai je decrire cète suite de maleurs quune
fauce deimarche a acumulé sur ma tète? La
question que je metois proposé de traitez,
ma paru dabort assez difficile; mais je lai de-
gagé de tout les insident qui pouvoit en être
elagué, et je me flate de lavoir rezolu dune
maniere satisfezante. Vos frere, quon a plaint
de setre laissé trompez par deux intriguant
quils auroit du fuire, ne sont pas a labri de
tout reproche.

LXII.

Quelque soit les humins, quelque sos quils
puissent etre, il faut vivre avec eux. Les
Horaces et les *Virgiles* seroit moins rare, sil
y avoit plus d'*Augustes* et de *Mécènes*. Un
rois disoit : une courone ne coute pas chere,
nest jamais trop cheire quelqu'en soit le priz.
Quelques bons que soit certains sujez, quelque trais interessens quils renferme, sils sont
mal ecris, ont les lis peu, ou meme on ne
les lis pas. Le pintre qui a fais ces deuz por-
trets, les a fais tres ressanblans. Tout ceuz
a qui nous les avons fais voir, on reconu sur
le chant les persone que lartiste a reprezenté.
La reiputassion que lui ont valu ces deuz
ouvrages, les premiez quil ait fais, contri-
bura baucoup a lui assurez la fortune que
nous lui avons fait espeirez depui lontens.
Les servisses que vous mavez deja randu,
me font espeirez que vous voudrez bien me
randre encore les deuz nouvau service que je
vous ai demandé. Les tablau que vous avez
laissé anportez de chez moi, ne mapartenoit
point. Il mavoit été confié par un ami qui
les avois deipozé dans ma meizou avant que
de partire pour lAmérique, et qui les a rei-
clamé depuis son retourt. Les lecture que

3

vous avez fait pendant tout le court de liver
derniez, on baucou servi a accroitre les con-
neissanses que vous avoit deja procuré les
deux cours que vous avez suivi dans les anée
precedante. Les succeis que vous avez obtenù,
vous encouragerons sandoute a suivre·une
mcitode que vous avez deja commansé a employez, et don vous avez retiré de ci grans
avantage.

LXIII.

Les dame que vous avez vu arivez ce matin,
ont été retardé par un deibordement de la
Loire, qui les a ampeiché de passez, et leur
a fais prandre un fors lon deitours pour venir ici. Les tribus que le vinqueur a inpozé
aux peuple quil avoit subjugué, ce sont acru
chaque anée; et la condicion des maleureux
vincu est devenu extreimement deiplorable.
La carieire que vous avez parcouru, étoit
semé de nonbreuz equeuile que vous avez
sçu evitez. Combien dautre ne les aurois pas
evité avec cette sagacitée que vous avez toujour montré dans toute les ocazion dificile?
Les deux ecrivin dont je vous ai parlé, avois
pris une matieire fort etandu; mais ils lon
resserré dans de juste borne. Les alouète que
vous maviez doné, je les ai laissé mourire de

fin; jen avois doné deuz a ma sœur qui les a
laissé envolez; jen avois doné deuz autres a
ma tente qui les a laissé tuez par son fils.
Trois piesse nouvel ont été doné le meme jour
a trois téatre diféirans. Il ni en a qu'une qui
ait été aplodi, qui ait réuci. Les deuz autre
ont été siflé, sont tombé. Les auteur non
pas meme eté demandé : quel mauvaise nuit
ils on sans doute passé! Vos voizire se sont
plaint ameirement de la conduite que vous
avez tenu a leur égar. Tandis quelles essuyoit
vos larme, vous fesiez couler les leur; vous
leur avez fais toute les paine que vous avez
pu; vous avez cherché a leurs nuire de toute
les manieire. Messieux, vous vous etes assez
fatigué, reposé vous maintenant. Ces home
ce sont nui les uns aux autres; il ce sont
poursuivi avec un acharnement dont on a vu
peu dexemple. Cette forteresse quon avoit cru
inexpugnable, a été pris en troiz jour par·les
armée françoises.

LXIV.

La plupart des fleures etant chargé de pa-
rer la demeure de lhome, au moin pour un
tems, elle ce garde bien de ci montrez toute
de compagnie, ny dans les meme moiz. Elle
sont de servisse auprez de lui tour a tour; elle

4

conviennent entrelles pour embélir les difé-
rente saizon, et ce succede sans laisser au-
qun vuide. Rarement ce plaint on de leur
absanse quand elle sont de cartiez.

Les fleures, par cette succession, nous
donent une magnifique feite compozé de de-
coracions qui ce suive dans un ordre reglé.
Les primeverts, les perseneige, les violette,
les jacinte, les oreille d'ours, les narsice, les
anemonnes, nous done, pour ainci dire, le
premier acte.

Celle la disparoisse, la plupart pour faire
place aux courones imperiale, aux narcisse
a bouqueis, au muguais, au lila, aux iris,
aux tulippe, au jonquilles, aux renonculs,
et a toute les fleure qui couronnent a present
ce parterre. Dans le lointin, les arbres frui-
tiez melange les couleure les plus tendre avec
la verdure naissante, et releive de toutes pars
la garniture du parteire.

Vous voyez en meme tems montez les feuliage des rozier, des lys, des julienne, de
giroflée, de bouton dor, des pavos et des eu-
liets. Leurs tiges et leur boutons ce fortifis
par des acroissemens insancible. Cest la que
ce font les preparatifs des parure de lété. Lau-
tonne ensuite etalera les pyramidals, les bal-
zamine, les tubeireuze double, les reine

margueritte, les amarante, les euillets d'Inde,
les colchique, les tricolors, et cent autres es-
pesse.

La feite continut sans interrupcion : celui
qui y préside ofre toujour du nouveau, et il
prévient par dagreable changemens les degous
inséparable de l'uniformitée. Lhiver rame-
nant les frimats et les brouliars, baisse enfin
son noir ridau sur la nature, et nous en de-
robe le spectacle : mais en nous fesant souhai-
tez le retourt de la verdure et des fleur, il pro-
cure quelque repos a la terre epuisé par tant de
produxion.

(*Spectacle de la Nature.*)

LXV.

Quelles eloges non pas obtenu les priuse
qui se sont declaré les protecteur des ars et
des siances ! les pocte ce sont chargé de chantez leur gloire; les orateurs ont celebré leur
vertus et leurs explois dans des discourts qui
ont passé dage en age, et arrivront a la posteritée la plus reculé. Les historiens on concigné leurs haut fais dans des annales desti-
né a en eternisez la memoire. Les jours que
vous avez passé dans linaxion ou dens le plaisir sont des jour perdu que vous avez sans
doute regreté plus d'une foi de navoir pas

5

mieuzemployé. C'est toujours avecun extreme
chagrain que l'on reconoit, mais trop tard,
que les journée que lon a perdu ne revienne
jamais. Combien ne contez-vous pas dheure
que vous avez negligé de consacrer a votre
instruxion, et qui auroit servi a accroitre vos
conoissances ? — Rappellez vous les embleimes
que les anciens ont employé, les images
dont ils ce sont servi pour représentez la
marche du tems. La resolucion que jai sçu
que vous aviez formé de passer cette saison
toute entieire a la campagne, ne ma causé
aucune surprise. Vous maviez fait par, dans
le tems, des plantacion que vous avez resolu
de faire à la faim de cette autonne, et javois
prevu davanse la determination que vous
mavez anonsé que vous avez pris. Vos amis
a qui je lai communiqué ont ressenti une vrai
peine de ce voir privé de vous pandant un ci
long espasse de tems. On assure que, dans
le derniez conbat, il y a eu quatre vint soldas de tué, quatre vint diz de blessé. Deux
cens ont été areté qui desertoit tout armé,
tout équipé. Admiron ces pré emalié de toute
sorte de fleure ; respirons le douz parfum qui
sexhale de ces deuz haie vive tout recemment
planté. C'est par le motife seul que sont anobli
les actions quelqu'elle soit. Nous avons devi-

né sur le chant lénigme que vous nous avez proposé. La soupe que nous avons mangé, nous a rassazié. Les bois que vous avez détruis, mavoit paru fort bau. Les calomnie que jai eu a repoussez, ont été facilement détruite. Les dame que tu a vu danser, se sont brouilié, quoiquelle ce fusse juré une amitiée éternel. Elles ont violé la foi quelle setoit juré.

LXVI.

La premieire edition de cette ouvrage cest trouvé presque epuizé au bout dun an. Depuy sa publicacion, je nai qua me félicitez des temoiniages honorable damitiée que mont doné des personnes de tout état et de tout seixe, dont la plupare me sont inconu. Les une sont venu me trouvez, et dautre mont ecri les lettre les plus touchante pour me remerciez de mon livre; comme si, en le donant au publique, je leurs avois randu quelque servisse particuliez. Plusieurs dentre elle mon prié de venir dans leur chataux, habitez la campagne, ou jaimerois tant a vivre, mont elle dis. Jai reipondu de mon mieuz a des ofre de servisse ci agreable, dont je nai accepté que la bienveilianse. La bienveilianse est la fleure de lamitié; et son parfun dure

6

toujour, quand on la laisse sur sa tige sans la cueillir. Un athé est venu me voir plusieur foi, dune ville éloinié de Paris, frappé jusqua ladmiracion, ma til dit, des harmonis que j'ai indiqué dans les plante, et dont il a reconu lexistance dans la nature. Je ne dis point ceci par vanité, mais pour reconoitre de mon mieux les marques de bienveilianse quon ma doné. Jai corigé, dans cette nouvel edicion, les fautes dimpretion, de stil, de gout et de bon sans, que jai remarqué dans la premieire, ou par moi meme, ou avec le secourt de quelque persones instruite, sans rien retranchez cependant du fon des chose, comme elles le deziroit. Je me suis permit seullement, pour les eclaircir, quelque transposicion de notes. Jy en ai ajouté quelques une dans la meme intencion, entre autre, dans l'expliquation des figure, une figure de géométrie, pour rendre sansible aux yeux lerreure de nos astronome sur lapplaticement de la terre, et de nouvel preuve du cour alternatif et semi annuel de l'Océan Atlentique, par la fonte des glace polaire.

LXVII.

Notre voizine avoit reçu hier l'extreime onxion. Elle setoit mis ensuite a arrangé

ses afaire. Les biens dont elle a dispozé,
sont immance. Elle sest vu mourir, elle
sest vu etindre come une chandèle. Ses parans lont laissé expirer en paix. Mais aussitôt quelle a eu rendu lame, il ce sont jetté
sur ses dépouille comme sur leur proye ; et,
aprez setre bien debattu, il ce les sont partagé toute déchirés. L'infortuné Tatia a vu de-
truir les illuzion quelle cetoit formé ; elle
cest apperçu de la passion de Numa. Lucrèce
setoit fait des principes quelle na jamais violé. Quant elle cest vu dézonoré, elle s'est
plongé un poiniart dans le saint, et cest
donné la mort. Ses parans lon vu expirer a
leur propres yeux. Il ce sont montré digne
delle ; il lont vangé. Lucien et ses deux frères
ce sont retiré, je les ai vu partir, je les ai
laissé partir, je les ai vu acompagner a
quelque pas par leur sœur ainé qui setoit
decidé a les suivre. Quant elle sest vu obligé
de san revenir, elle a pleuré, elle cest trouvé mal. Buffon a dit : mon esprit et mon caracteire avoit déja priz une tournure diffé-
rante de celle que mavoit doné ma triste
educacion. Nous avons lus ces frazes dans les
euvres de Florian : Quels femme jai vu,
quel horreure elle mont inspiré pour leur
sexe, ou plutôt pour leurs pareils ! quels ont

bien merité les afrons quelles ont essuyé!
On nous a dis quelle sen étoit plainte dabort;
mais quelle setoit tu , quant elle ce sont vu
blamé par leur voizins et leur parans meme.
Mes oncle setoit fait dix mil frans de rante,
et ces dix mil frans de rante quil setoit fait,
il ce les sont vu enlever par deux fripon qui
ce sont fais riche a leur depans. On a decou-
ver deuz voleur, et on les a areité. Je les ai
vu areiter, il ni a quun instant, et je les a
vu conduir a la preifecture de polisse. On
les avoit vu roder autour dune maison, quil
cetoit propozé de piliez. Ils ont manqué leur
cou , et on ne les a pas manqué. Il se sont
senti saizir au moment quils si étoit le moinz
atandu. Il ce sont parlé; je les ai entendu ce
parlez; mais bientot je les ai vu separer par
deuz gendarme.

LXVIII.

Emilie fremi de la propozition qui venoit
de lui etre fait. Mil crinte vague, senblables
a celles qui toute la nuit lavoit agité , lui per-
seire le cœur a la foi. Le soupson que sa tante
ne vivoit plus ce reunit en elle aux crinte
personel quelle avoit eprouvé depuis plusieur
jour. Elle ce rapelloit les paroles qui lavoit
informé de ses drois a léritage de sa tante,

dans le caz ou cette tante moureroit sans
livrer ses biens a son epouz. Les premiez refuz de la tente nindiquoit point quelle ce
fut dessaizi de son éritage. La pitiée pour sa
tante, linquicitude pour elle meme changeoit
tour a tour ses idé, et la nuit vint avant
quelle eut pris un parti. Elle entendi lorloge
fraper onze heure, fraper minuy. Le chatau
étoit dans le calme. Elle sorti de sa chanbre.
Abusé par les ombre prolongé des colonne,
et par les renvoi de la lumiere, elle sareitoit
souveut. Elle ce trouva anfin à l'extreimitée
de la gallerie, sans que personne leut dei-
rangé. Aprez avoir traversé la terasce, Emilie
tourna les yeuz vers la porte par laquel elle
étoit sorti ; et, remarquant les rayon de la
lampe a travert letroite ouverture, elle fut
serteine qu'Annette ne lavoit point quité.
Emilie contenploit avec efroit ces murs garni
d'une mousse verdatre, et qui navoit plus de
voutte a soutenire. Elle voyoit ces feneitre
gotique dont le lieire et la brione avoit lontems supléé les vitraulx. Leur guirlandes
enlacé sentremeloit mintenant aux chapi-
taux brizé, qui autrefois avoit soutenu la
voutte.

LXIX.

De lescaliez, Emilie et Bernardin ganierent
un passage qui conduizoit au souteirin. Les
paroiz en etoit couverte dune umiditée ec-
cessive. Les vapeure qui sélevoit de terre
obscurcissoit a telle point le flambau, qua
tout' momant Emilie croyoit le voir etindre.
A mesure quils avansoit, les vapeure devenoit plus epaice; et Bernardin, croyant que
sa torche aloit seiteindre, sareita un moment
pour la ranimez. Pendant ce repos, Emilie,
à la lueure incerteine du flanbau, vit prez
delle une double grille, et plus loin, sous la
voutte, plusieur monsaux de terre, qui paroissoit entourer un tonbau ouvert. Un tel
objet, dans un tel lieu, leut en tout tems
violament afecté; mais, en se moment, elle
cut le pressentimens subi que ce tonbau etoit
seluy de sa tente, et que le perfide Bernardin
la menoit aussi a la mort. Le lieu obscure
et teirrible dans lequel il lavoit conduit, senbloit justifiez sa pencée. Il senbloit tout propre
au crime, et l'on pouvoit y consomer un as-
sacinas sans quaucun indisse pu le faire decouvrire. Emilie, vaincu par la terreure, ne
sçavoit à quoy ce reizoudre. Elle songeoit
que veinement elle essairoit de fuire Bernar-

din. La longueure, les detourt du chemain ne lui permetoit pas de sechaper sans guide, et sa foiblesse dalieur ne lui permetoit pas de courir. Pale d'orreur et d'inquiétude, elle atendoit que Bernardin eut disposé sa torche; et, comme sa vue toujour se reportoit sur le tonbau, elle ne put sempêchez de lui demander pour qui il etoit preparé. Mais lhomme, secouant sa torche, passa outre sans lui repondre. Elle marcha en tremblant jusqua de nouvau degrez, quil monteire. Une porte en haut les introduisis dans la premiere coure du chatau.

LXX.

Pendant qu'Emilie et Bernardin traversoit la coure du chataut, la lumieire laissoit voir ses haute et noir muraille tapiscé de verdur et de longues herbe umide qui trouvoit leur substanse sur des pieres toute usé. Par interval, de pezantes arcade, fermé de grilles etroites, laissoit circulez lair, et montroit le chataux, dont les tourels entacé fesoit oposicion aux toures enormes du portaille. Dans le tablau, la figure epaice et diforme de Bernardin, ecleiré par son flanbau, fesoit un objez remarquable. Bernardin etoit anvlope dun lon mantau gri : a peine decouvroit on

au dessous ses demies bottes, qui étoit lacé
sur ses janbe, ou passoit la pointe du large
sabre quil portoit coustanment en bandou-
lierre. Sur sa tete etoit un bonet plat de ve-
lour noire, surmonté dune courte plume. Ses
trais fortemens dessiné indiquoit un espri
adroit et sournoy : on voyoit sur sa figure
lamprinte dune umeure dificile et dun me-
contentement abituel. La vue de la coure
neanmoin ranima le chœur d'Emilie : elle
la traversa en cilance ; et, setant aproché du
portail, elle comensa a esperez que ses propre crinte, et non la trahison de Bernardin,
avoit réuci à la trompez. Elle regarda avec
inquietude la premiere fenetre au dessus de
la voutte : elle étoit sombre, et Emilie demanda si elle tenoit a la chambre ou etoit sa
tante. Elle parloit bas, et peut etre Bernardin
ne lavoit il pas entendu ; car il ne fit aucune
reponse. Ils entreire dans le batiment, et ce
virent au piez de lescaliez dune des toures.
Le vent, qui a se moment souflait par les profonde cavitées des murailles, auguementa la
flàme de la torche. Emilie en vit mieux la-
freuze figure de Bernardin, la tristesse du
lieu ou elle etoit, des muraille de pierre
brutte, un escaliez tournant noirsi de vetus-
tée, et quelques reste dantiques armures qui

sembloit le trofée de quelque ancienne victoire.

LXXI.

Lorsqu'il furent parvenu au paliez, Bernardin mit une clez dans la seirure dune
chanbre, et y fit entrer Emilie. Je vais, lui
dit il, avertir votre tente, que vous etes arivé.
Emilie, toute interdite, noza point reisister.
Mais, come il anportoit la torche, elle le pria
de ne point la laissez dans cet obscuritée. Il
regarda autour de lui; et, remarquant une
triple lanpe posé au dessu de lescaliez, il
laluma et la dona a Emilie. Celle ci ecouta
atantivement, et cru quau lieu de monter,
il dessendoit lescaliez. Mais les tourbilion de
vent qui sengoufroit sous le portail, ne lui
permeitoit pas de bien disteinguer aucun son.
Elle s'aprocha doussement de la porte, et
quant elle esseya de louvrir, elle sappersut
quelle etoit fermé. Toute les crintes qui lavoit déja acablé, revinre la fraper avec une
nouvele violanse : elle ne lui parure plus une
erreure de limagination, mais un avertice-
ment du destin quelle alloit subire. Elle neut
plus aucun doute que sa tente neut été im-
molé, et ne leut eté peut etre en cette meme
chanbre ou on lavoit amené elle meme dans

un semblable dessin. S'étant aproché dune
feneitre grillé qui donnoit sur la premieire
cour, elle entendi des acsans qui se meiloit
avec le murmure du vent, et qui ce perdoit
ci vitte quon ne pouvoit en saisire un seul.
A la lueure d'une torche qui senbloit être
sous le portail, elle vit sur le pavé lombre
allongé dun homme, qui, sans doute, étoit
sous la voutte. Emilie, a cet ombre colos-
sal, conclud que cetoit Bernardin; mais d'autre sons aporté par les vens, la convinquire
quil ne ci trouvoit pas seul. Elle prit la lampe
pour examiner la possibilitée de fuire. La
chanbre étoit spacieuze, et les murs recou-
vers dune boizerie en cheine ne souvroit qua
la feneitre grilié, et a la porte par laquelle
Emilie etoit entré; les feible rayons de la
lampe ne lui permetoit point den bien jugez
leitendu.

LXXII.

Dioclétien consentit a remettre la chose au
conseille, afin de ce dechargé de la hainé de
cette resolucion sur ceux qui lavoit conseilié.
Tout homme dont la conduite est noblé, les
santimans elevé et geneireux, qui ne dessent
jamais a des bassesse, qui garde au font du
cœur une legitime indépandanse, me semble

respectable, quelque soit dalieur ses opinion.
Les plus grans home que l'église ai produis,
ont presque tout paru entre la faim du troi-
sième siècle et le comansement du quatrième.
Jai trouvé, dans les auteurs que jai consulté,
des chose geneiralement inconu et dont jai
fait mon profi. Quellequefois, en peiniant un
personage de lepoque que jai choisi, jai fait
entrez dans ma pinture, un mot, une pensée, tiré des ecris de se même personage : non
que se mot et cette pensée fusse digne detre
cité comme un modelle de bauté ou de gout,
mais parce quil fixe les tems et les caractere.
Les dépouilmens que jai fais de divers au-
eur, sont ci considérable, que, pour les seul
ivre des Francs et des Gaules, jai rassemblé
es mateiriaus de deux gros volumes. Jai co-
nansé mes course aux ruine de Sparte, et je
ie les ai fini quau ruines de Carthage. L'é-
jlise du Saint-Sépulcre, la Voie douloureuse,
ont tel que je les ai represanté. Je ne pren-
lrai aucun parti dans une question ci lon-
ems débatu; je me contenterai de raportez
es autoritées. Boileau, qui juge le Télémaque avec une rigueure que la posteritée na
point sanctioné, le conpare a l'Odyssée, et
ipelle Fénélon un poete. Voltaire et La Harpe
ont declaré quil ni avoit point de poeme en

prose : ils étoit fatigué et dégouté par les imi-
tacion que lon avoit faite du Télémaque. La
prose poetique et mesuré du Télémaque, est
singulierement harmonieuze, et elle donne
au stile presque autant delevacion que la
langue françoise peut en suporter même en
vers.

LXXIII.

Les oisau que jai vu senvolez sont venu se
perchez sur un arbre de notre jardin. Les
enfans du jardinier les ont appersu, et ce
sont avizé de montez sur larbre. Ils s'étoit
imaginé quil pouroit atraper ces oisau. Mais
les oisau ne ce sont pas laissé prendre, et a
peine les enfans étoit arrivé au piez de larbre
que les oiseau se sont envolé. La servante qui
les a laissé partire, a essuyé de vif reproche,
quelle n'avoit que trot mérité. La porte de la
cage, quelle avoit oublié de fermez, avoit
ofert aux oisau captiffes une occazion de partir, quil non pas laissé échapez. De tout les
oisau que nous nous etions plu a rassenbler
a la maison, il ne nous en est resté que deux
couple que nous avons speicialement reco-
mandé à la domestique, et que nous nous
somes proposés de soigniez nous meme avec
tout le zele dont nous somes capable. Quelle

que couvée heureuses sufiront pour repleuplez notre volierre. Quelque vifs regrez que nous eprouvions, quelque soit nos chagreins en se moment, lesperanse de la pronte reproduction de ces oiseau qui ont toujours fais nos plus cher delisse, nous consolle, et rand nos peine plus suportable. Les deux jeunes persones que vous avez vu arrivez chez nous, etoit dans un etat afreuz. Elle ont été poursuivi par des bandis. En fuyant, elle ce sont laissé tombez. Elle ce sont relevé, ayant la figure toute meurtri, toute écorché; les bras, les jambes toute ensanglanté. Lune de ces deux fille a les yeux bleu et des sourcis chateins clairs; lautre a les cheveuz et les sourcis chatein. Andromaque dit :

Je me suis quelquefois consolé
Qu'ici plutot qu'ailleurs le sort m'eut exilé.

(RACINE.)

LXXIV.

Jai lû toute la Callipédie, et je l'ai admiré. Il me semble quon ne peuz faire de plus baux vers latin. Balzac diroit qu'ils sente tout a fait l'ancième Rcme et la cour d'Auguste, et que le cardinal Duperron les auroit lu de bon chœur. Je ne sai si vous avez connoissance de quelque lettres qui font un grand

bruix. Elles sont de M. le cardinal de Retz.
Je les ai vu, mais en des main dont je ne
pouvois les tirez. L'ode a eté montré a M.
Chapelain. Il a marqué quelque changement
a faire; je les ai fais. M. Chapelain a donc
reçu l'ode avec la plus grands bontée du
monde. Tout malade quil etoit, il la retenu troiz jour, et a fait des remarque par
ecrit, que jai fort bien suivi. M. Perrault ma
dit aussi de fort bonne chose, qu'il a même
mise par écrit, et que jai encor toute suivi,
a une ou deuz prez, ou je ne suiverois pas
Apollon lui meme. *L'ode est fort bel*, a dit
Chapelain, *fort poetique, et il y a beaucoup
de stanse qui ne peuvent etre mieuz. Si lon
repasse le peu dendrois que jai marqué, on en
fera une fort bèle piece.* Ce quil y a eu de plus
considérable a changer, ça eté une stanse
entiere, qui est celle des Tritons. Il cest
trouvé que les Tritons navoit jamais logé
dans les fleuve, mais seulment dans la mer.
Je les ai souhaité bien des foiz noyé tout
tant quil sont, pour la peine quil mont donné. Vous vous atendez peut etre que je m'en
vais vous dire que je mennuye baucoup a
Babylone, et que je vous doi recitez les la-
mantacion que Jérémie y a autrefoiz composé. Mais je ne veuz vous faire aucune pitiée,

puisque vous nen avez pas déja eu pour moi ;
je veuz vous braver, au contraire, et vous
montrer que je passe fort bien mon tems.
Vos lettre sont mintenant clair-semé, et
cest baucoup den recevoir une en deuz mois.
Jetois très en peine de se changement, et
enrageais de voir qu'une si belle amitiée ce
fut ainsi evanoui, lorsque heureuzement votre
lettre mest venu tirez de toute ces inquietude, et ma apprit que la raison pourquoi
vous ne mécriviez pas, cest que mes lettres
etoit trop belle. Qua celà ne tiène, monsieur,
il me sera fort aisé d'y remédiez : et il mest
si naturel de faire de méchante lettres, que
jespere, avec la grace de Dieu, venir a bout
de nen faire pas de trop belle ; vous naurez
pas sujez de vous plaindre a lavenir, et ja-
tens dès a present des reponce par tout les
ordinaire. Mais parlons plus serieuzement :
avouez que, tout au contreire, vous croyez
les votre trop bèles pour etre si facilment
comuniqué a de pauvre provinciaux comme
nous.

LXXV.

Jai concideré lébauche de ce poeme come
un arbre vigoureuz et toufus, dont il y avoit
a reïranchez bien des branches infructucuze ;

F

. et , sans le talier au cizeau, jai cru quil faloit
l'emondez. Ainci, quoique mon stile soit
moin serré, mon reci sera plus rapide. Il le
seroit d'avantage, si javois ozé men croire;
mais (pour suivre la comparaizon qui ma
servi de regle) jai mieuz aimé quon me re-
procha davoir laissé des ramauz superflux,
que davoir coupé des ramauz utils. Voilà
mon excuze pour les detailles quon poura
trouver un peu lons. A l'égart de la poesie
de stile, toute les foiz quelle a contribué a
l'effet du tableau , je lai conservé avec soin;
mais lorsquelle ma paru nuire a la forse ou a
la chaleure, je lai reduit a lexpression simple.
Quelque fois lauteur est obscure par un eccès
de precizion, et souvant aussi la langue latine a un vague qui laisse a lesprit le soin de
decider ou dachever le sens : alors pour dé-
vlopper ou mieux déterminez la pensée, jai
mieux aimé allonger le texte, que de le co-
manter en nottes. Celles que jai mis au bas
des pages, ont pour objez d'éparnier au lecteur la peine que je me suis doné de verifier
les fais et d'eclercir quelque détailles. Enfin,
pour suplcer a la faiblèce de ma vercion, jai
cru devoir doner aprez chaque livre, non
seulment les plus baus morsaux du poeme,
mais aussi les endroits qui ont passé mes

forses, et que je nai pu rendre a moñ gré.
Je sens quel est pour moi le desavantage de
ne laissez voir que les baus coté de l'originale;
en citant les morsaux épineuz ou sterils, je
me serois mieuz fais valoire.

LXXVI.

Quel est la cause qui entreine le peuple
Romain aux conbas, et qui chasse la paix
de la terre? L'envieuze fatalitée; l'arrèt porté
par le destain, que rien d'elevé ne soit stable;
la chutte qu'entreine un trop pezant fardaul;
Rome que sa grandeure acable.

Ainsi, lorsque les siecles accumulé ame-
néront linstant de la dissolucion du monde,
tout les ressors de la nature ce briseron, tout
rentrera dans l'ansien caos : les astres confondu se heurteront ensemble, la mer englout-
tira les etoilles, la terre refuzera d'embracer
la mer, et la chassera de son lit; l'ébranlment
universel de la machine en detruira lordre et
lacord.

L'excessive grandeure s'écroulle sur elle
meme : cest le terme que les dieuz ont mis
a nos prosperitées; la fortune na voulu con-
fier a aucune nation le soin de sa haine contre
les Romains. Cest toi, Rome, cest toi queile
a rendu, sous troiz tyran, linstrumant de

ta ruine ; c'est leur concorde impie et fatalle qui ta perdu. — Laissez nous la, cruels, cette paix qui nouz a tant couté. Pourquoi la troublez? Pourquoi courire aux armes et vous arrachez des depouille de lunivers en but a vos cous?

Non, tant que la terre contiendra la mer, que lair balencera la terre, que les astres roulleront au ciel, il ni aura jamais de sinceire acort dans le partaje du ran supreime. Lautoritée ne veux point de compagne. Nen cherchon point les exemples loing de nous; le fondateur de ces mur les soulia du sang de son froire. Et ce netoit pas lenpire du monde quon ce disputoit avec tant de fureure : un haman divisa ses maitre.

On vit quelque tems subsister entre Pompée et César une paix simulé et contrinte. Crassus, au milieuz de ces deux rivauz, tenoit la guerre comme en suspend.

LXXVII.

Si le senat romain neut rejetté que des demendes excessive, injuste, nuisibles à l'Etat, sa fermete meriteroit les eloge quon lui a donné. Mais quels etoit les prétancions du peuple? Qu'on retrancha de ses deites l'uzure qui le devoroit, et qu'on lui donat, pour sub-

sister avec ses enfans et ses femme, une portion des terre quil avoit conquis et arrosé de
son sang. Voila les sourses intarissable de
tout les trouble elevé dans Rome entre les
pauvres et les riche, entre le peuple et le
senat.

Pour santir toute la darté du senat dans
le refus constant de ces demende, il faut se
rappeller qu'a Rome, dans les premiez tems,
les incurtions fréquante des ennemi sur les
terre de la Republique, et l'interuption de
la culture, occasionée par des guerres con-
tinuels, ruinoit le peuple, et rendoient les
debitteurs insolvable; que livré come des
esclaves au pouvoir des créansiez, ils etoient
detenu dans d'etroite prizons, et réduis a un
etat cents fois pire que la servitude; que
dun autre coté le peuple navoit dautre me-
tiez que la guerre et l'agriculture; que les
riches, s'étant emparé peu a peu de toute les
terre de la République, et les fesant cultivez
par leurs esclave, a l'excluzion des homes
libre, le peuple de la ville et des campagne
ce trouva n'avoir pas meme pendans la paix
la ressource de son travaille. C'étoit lui faire
une necessitée d'etre sans cesse sous les arme.
Mais la guerre est un état violant qui demande au moin du relache; et ce peuple, qui

n'aloit aux combas que librement et par
honneur, sentoit fort bien quil avoit le droit
de vivre en paix du fruit de ses victoire.

Dans un moment de dizette, les consuls
avait fait venire des bleds acheté a vile prix.
Les patriciens les plus sencés vouloit qu'on
les vendit de meme au peuple ; mais Coriolan, irité du refuz que le peuple avait fait
de sauroler et de le suivre, prétendit quil faloit maintenire la cherèté, de peure de pa-
roître flater la multitude. Cette opinion pre-
valu.

Crassus, pour se consilier la faveur des
plebeiens, demanda pour eux au senat le partage des terres nouvelment conquise, et de
celles qui, appartenans de droit a la Republique, avoit été usurpé par la noblesse.
L'intention du consul pouvoit etre mauvaise ;
mais sa demande ce reduisoit a ce que le
peuple eut du pain. Le senat fit senblapt
d'acceptez cette loi ; mais celui qui lavoit
proposé, fut condamné, après son consulat,
a etre précipité du roc Tarpéien, et l'arrèt fut
éxecuté mieuz que la loi qui en etoit la cause.

LXXVIII.

Rémus, voyant son frere Romulus arriver
aux enferts, lui dit : enfin, vous voila, mon

fiere, au même état que moy : cela ne valait
pas la paine de me faire mourire. Les quelques année pendant lesquel vous avez regné
seul, son fini, il nen reste rien; et vous les
auriez passé plus doussement, si vous aviez
vecu en paiz, partajant lautoritée avec moy.
Romulus répont : si javois eu cète modéra-
cion, je naurois, ni fondé la puissante ville
que jai établi, ni fais les conquette qui mont
immortalizé. Rémus reprent : il valloit mieux
etre moinz puissant, et etre plus juste et plus
vertueuz. Mon sang dans lequelle vous avez
tranpé vos main fera vôtre condamnacion icy
bas, et noircira à jamais votre reputacion
sur la terre. Vous vouliez de lautoritée et de
la gloire; lautoritée n'a fait que passez dans
vos main; elle vous a échapé come un sonje.
Pour la gloirre, vous ne laurez jamaiz. Avant
que d'etre grand homme, il faut etre honète
home, et on doit s'abstenire des crimes indigne des hommes, avant que d'aspirer aux
vertues des dieu. Vous aviez lhumanitée d'un
monstre, et vous prétendiez etre un hero.

Tatius, voyant ariver aux enferts son ancien collegue Romulus, lui parle aincy : Je
suis arrivé dans ces lieuz un peu plutot que
toy. Mais enfin nous y some tout deuz, et
tu nest pas plus avancé que moy dans tes

4

afaire. Romulus lui repont : la différance est grande ; jai la gloirre davoir fondé une ville eternèle avec un enpire qui naura dautre bornes que celle de lunivert ; jai vaincu les peuple voizin ; j'ai formé une nacion invincible dune foulle de criminels refugié. Tatius replique : ta ville durera tant quil plaira aux dieuz ; mais elle est elevé sur de mauvaiz fondemans. Pour ton enpire, il poura aisement s'étandre ; car tu na apris à tes citoyen qua uzurper le bien dautruy. Ils ont grant besoin detre gouverné par un roi plus modéré et plus juste que toy. Romulus dit : tu me soupsone de tavoir fait tuer. Quant je lauroit fait, jaurois suivi en cela lexemple de mauvaise foy que tu mavois doné en tronpant cète peauvre fille qu'on nomoit Tarpeïa. Tu voulu quelle te laissa monter avec tes troupe pour surprendre la roche qui fut de son nom appellé Tarpéienne. Tu lui avoit promi de lui donez ce que les Sabins portoit a la main gauche ; elle croyoit avoire les bracelet de grant priz quelle avoit vu. On lui dona tous les boucliez dont on l'acabla sur le champ.

LXXIX.

Voila les ennemis que mon frere a eu a combattre ; il les a compleitement vincu, et vous

les avez vu se jetter a ses piez, pour lui demandez leur grace, quil leur a aussitôt accordé,
mais quils navoit cependant point merité
d'obtenire. Les home que la reine a envoyé
cherchez, ont paru se matin en sa preizance;
on assure quelle a fronsé le soursi, quand
elle les a vu paraître. Elle leur a adressé di-
verces questions, et les réponce quils y ont
faite ont obtenu laprobacion de tous ceus
qui les ont entendu. La reine elle meme sest
montré plus favorablement disposé a leur
égart, lorsquil ce sont retiré. On nous a aporté
les six bouteille de kirschwasser que nous
avions envoyé cherchez. Nous les avons ouvert aussitot, et nous avons reconnu sur le
chant que le marchant qui nous les avoit
vandu, nous avoit trompé. Les bouteille ne
contenoit que de lau au lieu de la liqueur que
nous nous étions atandu a y trouvez. Nous les
avon fais reportez par la meme personne que
nous avions envoyé les cherchez. Nous nous
somes plains au commisseire de police de la
fourberie du marchand qui nous avait ci in-
dignement tronpé, et nous avons demandé
quon le condamna sans pitié a payer lamande
quil a encouru. Le tribunale de police nous
a randu la justisse que nous avions demandé,
et le frippon a été condamné a deux mil francs

5

damande. Les gentizomes que lon a envoyé
felicitez la princesse sur son mariage, en ont
recu un acueil distingué. Les présans quelle
leur a fait sont d'un grant priz. Les feite quils
ont vu doner pendant les six semeine quils
ont passé a la coure, avoit atiré un concourt
prodigieux de monde. Ces feite surpassoit en
magnificense toute celles que lon a doné jusqua present dans les autres coures de l'Europe. La description que les envoyé nous en
ont fait , nous a charmé, ravi. Ma fille cest
avisé ce matin de vouloir marcher avec des
pateins. Je lai engagé a ne point tanter cette
entreprise, parcequelle pouroit lui devenir
funeste. Elle na tenu aucun conte des conseils que je lui avoit doné ; et pendant que
jetois sorti, elle cest promené avec ses patein
sur le boulvard. Ses premiez essai lui ont
réuci, mais peu de tems aprez, elle cest laissé
tombez, et elle est rentré a la maison dans un
état afreuz.

LXXX.

Nous nous somes entendu faire des reproche que nous navions pas merité quon nou
fit. Les tors que nous nous somes entendu
reprochez, nous ne nous en étions aucunement randu coupable. Nous ne nous somes

point entendu avec les gens que lon nous
acuse davoir seduis. Nous avons toujours regardé ces gens la come de mechante gens, et
nous les avons fui avec soin. Les mechante
gens sont trot dangēreuz a fréquantez. Cessez
donc de nous imputez des tors que nous navons jamais eu a nous reprochez, et que vous
nous avez reproché trot legeirement. Conbien
dhistoire de revenans ne nous somes nous
pas entendu racontez dans notre enfanse? Nos
nourisse, nos bones ce sont amusez a nous
debitez tout ces conte quelles avoit reçu elle
meme de leurs grand'mère. Messieurs, quelle
que bones raisons que nous vous ayons alle-
gué, vous avez refusé de les entendre, vous
ne les avez point écouté, nous ne combate-
rons pas plus lontems les projez dont vous
vous ètes enieté. Nous vous avons doné tout
les conseil que nous avons du; puissiez vous
ne vous repentire jamais de ne les avoir point
suivi! Les deuz serein que vous avez entendu
chantez, ont été elevé par ma niesse qui s'est
amusé a nourir ces deux oisau, et les a ins-
truis avec la serincite que vous avez eu la
compleizanse de lui pretez. Elle vous remer-
cira elle meme de vos bonté, lorsquelle sera
revenu de la campagne ou elle est allé passer
quelque jour. Cest daprez le conseil de notre

6.

médecin que je lai envoyé passer quelque
tems a la campagne, parce que depuy plusieur moi sa santée sest trouvé derangé.

Le jeune prinse vouloit reparer les desastre
ainqualculable que sept an de guère avoit
ocasionné. Mais la destruxion ravaje avec la
rapidité dun torran qui a forsé ses digue; et
la nature, mere prudante et econome, n'ac-
corde ses bienfets que lantemant, et a raison
de la constense quon met a les solliciter. Deja
lhabitant de ces contré lontems abandoné,
étoit rantré dans ses foyez pésibles et solitaire;
mais la flame avoit devoré le tois de chôme
qui labritoit autre fois contre lintemperis des
saizon. Assis sur le tron dun vieux chene
planté par un de ses ansetre, et dons le feuliage protecteur avoit ombragé les jeu de son
enfanse, il pleuroit mintenan; ses yeux atristé
se prommenoit autour de lui, et ne decouvroit que des ronce ou jadis il avoit recueilli
des moiçons si abondante; sa voix altéré
apelloit ses fils; et ses fils ne repoudoit point.
Elevant les main et les yeux vers le ciel, il
sabandoue a la providanse, et reprend avec
un couraje quil nosoit esperer de lui meme
les instrument honorable avec lesquel ses
bras, lontems fatigué du pois des armes,
doive desormais déchirer et fertilizer le sain de
la terre.

LXXXI.

Vos tente se sont laissé ébranlez par les menasse qu'on leurs a faite. On les a menacé de leur intanter un procez ruineuz, si elle nacceptoit point les acomodemens quon leur avoit propozé. Elles ce sont reisinié aux sacrifisse quon avoit veinement exigé delle depuy huits mois. Si ma femme navoit pas été obligé de faire un lon voyage, et quelle fut resté auprez de ces deuz dame qui sont ses ami, elle auroit soutenu leur courage, et ces dame ne ce seroit pas laissé aller ci facilment. Vos enfans setoit bien conduis pandant cette soirée; pourquoi les avez vous envoyé se coucher de si bonheur? Cette femme cest permis de malignes aluzion que je ne lauroit jamais soupsoné de faire, si je ne les avois entandu de mes propres oreille. Les divers colaborateur ce sont partagé les somes que le ministre leur avoit aloué. Des disputte setoit dabort elevé pour ce partage; mais mon frere et moi nous nous some proposé pour mediateur, et la querelle sest prontement terminé. Les juge se sont partagé dans cette afaire; le president ne les a ramené quavec peine a son sentiment. Les deux geneiraux se sont ataqué avec une violanse extreme,

et ils ce sont fait un mal horrible. La dizette
de vivre les a forsé a conclure une treve
quils nont observé que quelque mois. Les sos
ce sont toujours laissé alleicher par les intri-
gant qui se sont doné la peine de leur tandre
des piege. Les frippon que tu as vu areitez ce
sont echapé. Les perte que javois prévu que
je ferois, ne ce sont que trot realizé. Quels
somes ne ma point couté la confianse que javois mis en des persones que lontemps jai cru
honeite? Les veu de voz ansiens ami sont il
rempli? ont il obtenu les emplois quon les
a vu sollicitez ci ardemment?

LXXXII.

Quinze an setoit ecoulé depuy la dedicasse
du temple. La fille du gran preitre croissoit
sous ses yeux, come un jeune oliviez quun
jardiniez eleve avec soin au bort dune fonteine, et qui est lamour de la terre et du ciel.
Rien nauroit troublé la joye du grant pretre,
s'il avoit pu trouvez pour sa fille un épouz qui
leut traité avec toute sorte dégars, aprez lavoir enmené dans une maison plaine de richesse. Mais lamour que cette jeune vierge
avoit eu le maleur dinspirer a un proconsul
d'Achaïe, avoit eloinié delle tout les amant
vertueuz qui ce seroit présanté pour devenir

les gendre du grand pretre. La jeune fille
avoit supplié son pere de ne point la livrer a
se Romain inpie dont les seul regars la fesoit
freimire. Le pere avoit cedé au prieres de sa
fille. Le barbare, soupsoné de plusieur crime,
avoit deja eu une premieire épouze quil avoit
preicipité dans le tonbau par ses traitemens
inumins. Pour deirobez sa fille aux pour-
suitte du proconsul, le pere lavoit consacré
aux Muses. Il lavoit instruite de tout les
usage des sacrifices; il lui avoit montré a
choisire la genice sans tache, a coupez le poil
sur le frond des taurau, a le jettez dans le
feu, a reipandre lorge sacré; il lui avoit apris
surtout a touchez la lire, charme des infortuné mortels. Souvent assiz avec cète fille
cheri, ils chantoit quelque morsaux choi-
sis de l'Iliade et de l'Odyssée, la tendrèce
d'Andromaque, la sagesse de Pénélope, la
modesti de Nausicaa; ils disoit les maus qui
sont le partage des enfans de la terre, Aga-
memnon sacrifié par son epouze, Ulysse de-
mandant lomone a la porte de son palais; ils
satendrissoient sur le sor de celui qui meure
loing de sa patrie, sans avoir revu la fumé
de ses foyez paterneles. Nouri des plus bau
souvenire de lantiquitée, dans la docte fami-
liaritée des Muses, la jeune fille dévlopoit cha
que jours de nouveaux charme.

LXXXIII.

Anne Thérèse de Marguenat de Courcelles,
marquise de *Lambert*, nacquit a Paris dun
maitre des compte. Elle perdi son pere a lage
de troiz an. Sa mere aipousa en seconde nôces
le facil et ingeinieuz *Bachaumont*, qui ce fit
un devoire et un amuzemant de quultiver les
heureuze dispauzicion quil deicouvris dans sa
belle fille. Cet émable enfant sacoutuma des
lors a faire de petis extrais de ses leicture. Elle
ce forma peu a peu un treizort littairère propre
a assésoner ses plézirs, et a la consolez dans
ces paines.

Après la mort de son mari, *Henri de Lambert*, marquis de Saint Bris, quelle avoit aí-
pouzé en 1666, et quelle pairdit en 1686, elle
essuya de lons et cruelles proceis, ou il sagis-
soit de toute sa fortune. Elle les conduizit et
les termina avec toute la capacitée dune persone qui nauroit point eu dautre talent. Libre
enfin et métresse dun bien concideirable quelle
avoit praisque conqui, elle établi dans Paris
une meizon ou il étoit honorable d'etre reçu :
cetoit la seulle, a un petit nombre d'excep-
sions prez, qui se fut preizervé de la maladie
épydeimique du jeu, et ou l'on ce rassembla
pour parler rézonablement. Auci les gens frivol

lansoit, quand il pouvoit, quelque trais malain contre la mézon de madame de *Lambert*,
qui, très délicatte sur les discourts et sur lopinion du publique, crainioit quelle que fois
de donner trop a son gout. Elle avoit le soing
de ce rassurer, en fésant reflaiction que dans
cette meme mézon, si acusé d'esprit, elle fesoit une dépance très noble, et recevoit beaucoup plus de monde de condicion que de gens
illustre dans les lètres. Les calités de lame
surpassoit encore en elle les calités de lesprit.
Elle etoit né courageuse, peu susseptible do-
cune crinte, si ce netoit sur la gloire; incapable detre areité par les obtacle dans une
entreprize neiceissère ou veirtueuze.

LXXXIV.

Des voleurs nous ont ataqué pandant la
nuit; nous nous somes laissé dépouillez sans
reisistanse. La reisistance que nous aurions
voulu oposez, nous seroit devenu fatalle. Car
les voleur ce sont presanté en grand nombre et
compleitement armé. Avez vous vu la pan-
dulle que jai acheté? Toute les persones qui
lont vu, lont trouvé tres bèle et tres riche.
Elle sone les heurs et les demis, et marque
les canthiemes. Tout le monde trouve que je
ne lai pas payé chère. Vos cheveu que vous

avez fais coupez plusieurz foiz, et que vous
avez laissé croître ansuite, sont devenu en
peu de tems tres lons et tres epaix. Quels que
libels quon ait publié contre cette femme, lhonneur de son seixe, elle les a meiprizé. Quelles
que nombreuze quait été les injures dont on
la accablé, elle ne sen est point mis en peine.
Quelles quait été les calomnis quon a débité
contre elle, elle sest tu, et a dedeignié de
repoucez des trais quelle a jugé propre a at-
tirez loprobre sur ceux qui les lansoit plutot que sur elle meme. La petitte Angéla sétoit obstiné a ne se point coucher avant sa
mere; nous lavons laissé rester avec nous une
partie de la soiré; mais bientot elle a sucom-
bé au someil; nous lavons porté toute endormi dans son lit, sans quelle sen soit appersu, sans quelle ce soit reivélié. Les musicien qui sont venu soupez mercredy derniez
avec nous, ce sont montré fort aimable. Nous
les avons entendu chantez les chanson les
plus gai quon ai jamais entendu chantez.
Ces juge, quelquils soit, niront pas declarer
solemnèlement quune jeune prainsèce a été
mal elevé. Tant que les Suisses ont vécu ren-
fermé dans leurs montagne, il ce sont sufi a
eux meme. Mais, lorsquils ont commansé a
comuniquer avec dautre nacion, ils ont

pris gout a leur maniere de vivre, et ont voulu l'imiter. Ils ce sont appersu que largent
etoit une bonne chose, et ils ont voulu en
avoir. Sans productions et sans industrie
pour lattirer, ils ce sont mis en commerce eux
meme, ils ce sont vendu en détail aux puis-
sanses. Leurs premiere alienacion de troupes
les ont forcé den faire de plus grande, et de
continuer toujours. Aprez quils ont eu bien
dejeuné, et quils ont été rassazié de plusieur
tranche dun excelant jambon de Mayence,
nous les avons vu se levez precipitament de
table, doù ils se sont randu chez un no-
taire pour signez quelque contras quils avoit
passé. Nous les avons vu rentrez; ils ont demandez un bol de punche, et quelque verro
de rum quils ont bus. Il ce sont couché ensuite, et ont fort bien dormi. Ces deux homes
ce sont colté, cest a dire, se sont pris au co-
let : il ce sont meurtri le visage a cous de
poins; il ce sont dechiré leurs habis quils
ont envoyé racomodez.

LXXXV.

Je presume, Madame, que vous voila heu-
reusemant arrivé a Paris, et peut etre deja
lancé dans le tourbilion de ces plaisirs bruyans
dont vous pressantiez le vuide, et que vous

vous etes proposée neanmoins de cherchez. Je
ne crains point que, daprez lépreuve que
vous avez rezolu den faire, vous les trouviez
plus substentiel que vous ne les avez estimé.
Mais si vous en aviez une fois contracté lhabitude, ils deviendroit pour vous des bezoins
que vous seriez obligé de satisfaire. Songez
dans quel état cruel cela vous jeteroit. Je
vous conseilleroit donc de rompre cette abi-
tude, ou du moins de linterrompre, avant
que vous vous en fussiez laissé subjuguer.
Ces regles de la sintaxe que vous avez etudié
si lontems, Mesdemoiselles, vous ne les avez
point retenu : car vous nen avez apliqué aucune au diverce frase que je vous ai fait ecrire
ce matin sur la planche noir. Les prinsipe
que lon a une foi bien consu doive rester
gravé dans lesprit. Mes seures se sont promené hier le lon de la riviere. Une femme
qui lavoit du linge dans un batau de blan-
chisseuse, sest laissé tonber dans leau : deuz
home qui lon vu tomber, ce sont dezabilié
très promtement, et ce sont jeté à l'au : ils
ont retiré la femme et lont ramené sur le
rivage; les pront scourts quon lui a donné,
lont sauvé. Les deux homes que nous avons
vu passer, sont les deux avocat que nous
avons entendu pléder lundy dernier au tri-

bunale de premiere instanse. Les talent quils ont montré dans cet afaire importante, justifit la reputacion briliante quils ont obtenu depuis lontems. Loccasion quon a une foi laissé échaper, ne revien plu. Lafection que javois consu pour vos enfant sest assez manifesté par toute les paines que je me suit doné pour leur instruction. Quelque soit mon zele et mon atachement pour mes éleve, quelque soin que je prène, le suxès est bien eloigné de depandre de moi seul. On sçait mon gout déclaré pour les sciences, et je les ai assez cultivé pour avoir du y faire des prograit, pour peu que jeusse eu de disposition. Cète dame quun pur motif de curiositée avoit amené a la cour, y fut retenu par des motif dun genre superieur, et qui nen fure pas moins éficasse pour avoir été moins prevu.

LXXXVI.

Si je vous ai laissé, ma belle voisine, une emprinte que vous avez bien gardé, vous men avez lessé une autre que jai gardé encore mieux. Vous ne sçavez pas quelle estime et quel respect votre couraje, votre modération votre sajesse, ont inspiré pour vous dans toute l'Europe. Jai resu votre paquet qui me seroit egailement parvenu sous l'adresse que

je vous ai donné. Les troupes alié ont pris part
aux conbas qui ce sont livré sur la frontière,
et elle y ont déployé une valeure que tout le
monde a admiré. Les bons livres que vous
avez négligé de lire, vous auroit formé lesprit
et le cœur. La romance que nous avons en-
tendue chanter, ne m'a pas paru digne de lauteur celebre qui la composé. Je ne sçaurois
vous pindre la vive impression qua faite sur
moi le recit des ravages que le dernier oraje a
causé. Les filles de Proetus, parce quelle setoit vanté detre plus belles que Junon, furent
frapé dun genre de folie qui leurs fit croire-
quelles etoit changé en vache. Les geans, enfant de la terre, sétoit revolté contre Jupiter;
mais ils furent terassé a coups de foudre, et
acablé sous les montagne quils avoit amacé
pour detroner le maitre des dieu. Les espe-
rense que nous avions osé concevoir, que
nous avons nouri si lontems, se sont éva-
noui tout dun cou. Cette sale nest pas aussi
grande que je lavois cru dabort; je lai mesuré
et jai reconu quelle na que cinq toise et demi
de lon sur trois toise et un tiert de large : elle
ne pouroit point contenir toute les personne
que nous nous sommes proposé de reunire ici
la semaine prochaine.

LXXXVII.

De quelque biens que vous jouisciez, vous ne serez point heureux, si vous ne sçavez reprimez vos passions. Quelque soit les bien dont vous jouiscez, sachez toujour vous moderez. Quelque sçavant que nous soyons, ne faisons pas un vain etalage de notre siense. Quelque juste que soit les hommes, ils peche sept foiz par jour. Quelque soit les caresse dun ennemi, ne vous y fiez point. Quelque caresses que vous fasse un ennemi, vous devez toujour vous en défiez.

Quelque soit linteret qui fait parler la reine,
La reponce, Seigneur, doit elle etre incerteine?

Quelque briliant que soit les don de la fortune, la vertue les efface, elle seul a du prix. Quelque savant que nous puissions devenir, nous ne renfermeront jamais dans les bornes etroite de notre intelligense toute les profondeures de l'oeuvre de l'infini. Ceuz qui ne socupent a quoique ce soit de bon et dutile, me paroisse fort meprizable. Quoique vous disiez, lhome juste et contant dans ses principe vit en paix avec lui meme. A quoique vous vous ocupiez, donez y toute votre attension. Quelque richesses que lon possede, on est rarement contant de son sort. Quelque fautes graves que nous ayons commise, con-

fions nous en la misericorde de Dieu. Quelque sincerre que les home paroissent avec les
femmes, elles ne doive pas satendre a netre
jamais trompé. Quelque eclairé que nous
soyons, ne nous glorifions point de nôtre
sçavoir. Quelque fole que soit les modes, on
en est esclave. Il y a quelque cinq cens an
que Gilia Flavio, fameuz pilotte, né à Na-
ples, a fait linttereressante découverte de la
boussole. Quelque talens que lon ait, on ne
peut, si lon na ni bonheur ni protexion,
reussire a quoique ce soit. Les criminel doivent etre puni, quelquils soit. Toute aimable
quest la vertue, elle a moinz dadorateur qué
le vice. Quel sujez nont pas été epuisé par les
gens de lettre?

LXXXVIII.

Blanche de *Monbary*, contesse de Flandre,
avoit perdu ses parent dans sa plus tendre
jeunesce. Elle avoit eté elevé en Angleterre
chez le lord Walter Cliffort, son tuteur. Elle
cetoit lié dès lor avec la belle Rosemonde, fille
du lord. Rosemonde aimois la retreite et la
solitude; Blanche, au contraire, aimois le
monde et les pleisir; et lorsque la reine Eléo-
nore les avoient demandé l'une et l'autre,
pour les atacher a son servisse, Blanche seule
avoit accepté, et Rosemonde étoit resté dans

sa retreite. Agé seulmant de quinze an, Blanche avoit fixé tous les regars et recu tout les homage qui pouvoit la flatez. Elle joui pendant une anée entiere des delisse dun amour mutuelle et vertueuz, sans que lon put en connoitre lobjez, sans que lon pu conoitre ensuitte ci se fut la mort ou labsanse qui l'en avois privé. Absorbé par la douleure, elle appersevoit a peine la passion quelle avoit inspiré au roi Henri II. Se fut autant par la jalouzie de la reine que par l'enprescement du roi quelle fut instruite de lamour dont elle etoit lobjez. Lorsquelle s'en fut apperçu, elle rezolut aussitôt de quiter la coure et lAngleterre meme..... Entouré dans sa retreite, des enfant que Théodoric avoit eu dun premiez mariage, Blanche eut souhaité den faire ces ami; maiz jamais leur cœur ne fure touché daucuns sentimant d'afexion pour elle. Les doux nom de leur relacion mutuelle netoit employé dune part que pour indiquez la superiorité de lage et la perte des agremans, et de l'autre que pour faire sautire lautoritée et provoquez lobeissance. Aprez dix ou douze an de sejour a Mouçon, Blanche avoit perdu, sandoute quelque chose de sa premieire fraicheure; mais sa bautée regulieire et noble pouvois le disputer au bautés moïnz

parfaitte qui avais sur elle l'avantage de la
jeunesce ; et bien loing quelle fut plus agé
que ses belles filles , la cronique assûre meme
que les ainé datoit de plus loing quelle. Quoiquil en soit , cète petitte rivalitée avoit aug-
menté baucoup la mesintelligeance qui devoit
neitre dune opposicion entieire de caracteire.
Linimitié cétoit accrû de jour en jour , et les
desagreimens que faisoit eprouver a Blanche
la mauvaise humeure de ses belles filles lui
avait rendu le séjour de Mouçon insuportable.
La fortune de Théodoric avait éprouvé des
reverd. Les avantage considerable quil avait
dabord remporté pendant prez de quinze an
sur les Sarrazins , l'avois mis en etat de con-
blez sa jeune épouze des plus riches presens.
Mais Théodoric et André n'envoyoit plus en
Europe que des trophé d'arme , et ils se voyoit
forcé a redemandez les somes nécessaire pour
soutenire leurs expedicions. Blanche ren-
voyoit sans regrez les tresorts quelle avoit
resu sans aviditée. Ils retourne a leur sourse ,
disoit-elle.

LXXXIX.

L'inocente Clara n'est point condanné uniq-
ment parcequon la trouve évanoüi dans la
chambre de lenfant assaciné. On la trouve

caché souz une table couverte d'un tapiz ; cette circonstense est quelleque chose. Son amant, pere de l'enfant, avait vu la veille, sans etre apersu delle, tout les instrument du crime entre ses main : le poiniart, un mouchoire de soye, une echèle de corde. Aprez avoir eu le tems d'examinez ces chose, il entre dans sa chambre : aussi tot elle cache avec precipitassion, sous un voille, ce poiniart, ce mouchoire, etc. Elle rougi, ce deconserte, et lorsquil la questhione la dessuz, elle fait un mansonge : cète petlite scene n'est regardé que come un enfantiliage ; mais le lendemain, le pere, en trouvant son fils assaciné, et Clara caché souz la table, reconoit le poiniard et les autre instrument du crime ; et Clara, en reprenant lusage de ces sens, prononse ses parols : *je nai rien a dire pour ma defance...* En outre, on aprent quelle avoit reçu la veille une caice venant d'Allemagne, qui renfermoit le poiniart, etc., et quelle avoit ordoné au domestique qui la lui avoit remise, de ne point parler de cette envoi. On aprent encore quelle cétoit glissé furtivement, avec baucoup de mistere et a une heure indû dans le pavilion de l'enfant. A lintérogatoire, toute ces chose son répeté ; on présente a Clara les instrumans du crime ; on lui demande sils

etoit dans la boite quelle a reçu , s'il est vrai
quon les ai vu la veille dans se main ? Elle
convient de tout : on la presse de dire quelleque chose pour sa défence ; elle persiste a
répetez quelle na rien a dire.

Se nest point pour les roi quest la sinseritée ;
Tout ce farde a la coure jusqua la veritée.
Lencenz fait un plaizir dont lame extazié
Jamais jusqua se jour ne sest rassazié ;
Et lon étale auz roi dun plus tranquil front
Les vertues qu'il nont pas que les défautx quils ont.

ÉSOPE à la cour.

Quel grande bataille a-t-on jamais gagué ,
Que l'horreur nait suivi , ou nait accompagné ?
Eh ! quest se que lon gagne ? Un morseau de terrin,
Que le victorieuz quite le lendemin.
Cepandant , bien souvant pour de telle conquetes
Il en coute au vainqueur quinze ou vint mille teles ;
Et le sang que lon perd dans se gain malheureuz
Est toujours le plus noble et le plus genereux.

(Ibid.)

XC.

Une femme vertueuze , mais infirme et
peauvre , occupe cet humble chaumierre.
Deuz enfans, dans la premiere fleure de l'ino-
cense , pleureroit de faim au piez du lit de
leur mere infortuné , si Mélinde nétoit leur
ange tutelaire. Ravi davoir consolé l'indi-
geance, elle va revenir , ses beles joue animé

d'un sentiment de joye , et ses bauz yeux
baigné encore des larmes de la pitiée. Une
personne qui se voit délaissé dans sa misere ,
ne regarde la bienfesance que come un para-
doxe qui ocupe inutilement une quantitée
de vain discoureur. Il a été heureux pour certaine personne detre abandoné de leur proche ;
cest par la qua commencé la chaine des evene-
ment qui les ont conduite à la fortune. Il y
a des gens dont le mérite et le courage ont
besoin detre soutenu ; et dautre , qui ne les
font valoire que lorsquil se voit delaissé. Perfide , tu nose ronpre un sermant que taracha
Tatius ! compte-tu pour rien ceuz que tu
m'a fait ? Te les avois-je demandé , ingras ,
qui , sous laparence de la vertue, cache lan-
bitieuz projez de te faire roy des Sabins , et
daracher un trone a mon pere ? Trenble du
sort qui te menasse ; trenble des mauz que
tu te prepare. Ne te flate pas de leur echapez :
le seul nom de Romulus tenvironera partout
d'enemi. Errant, persecuté , bani, tu trai-
nera ton infortune et ta fausse vertue chez
tous les peuple de l'Italie , qui te rejetront de
leur sin. En proye aux remors devorans pour
avoir cauzé la mort de ton epouze , tu pleurera a tous les instant le crime de ton incons-
tanse. Tu regrettras Hersilie, tu tendra vers

3

elle des main supliante : Hersilie nen sera
que plus animé a te persecutez. Tant quil me
restra un soufle de vie , je te poursuiverai,
la flâme a la main ; et si ton abandon me
donne la mort , mon ombre ira ce joindre au
cruèle furies , pour ajouter a lhorreure de ton
suplice.

J. B. Rousseau dit, en parlant des mechant :

Jai vû que leur honeures , leur gloirre , leur richesse,
Ne sont que des filets tendu à leur orgueuil ;
Que le port nest pour enz quun veritable ecueil ,
Et que ces lit pompeuz ou sendore la molesse,
    Ne couvre quun aff:euz cercueil.
Coment tant de grandeure sest elle evanoui ?
Quest devenu lécla de ce vaste apareille ?
Quoi ! leur claretée séteint aux clarté du soleil !
Dans un someil profont ils on passé leur vie ,
    Et la mort a fait leur reveille.

XCI.

L'*abandon* est une neigligeance presque
tousjours agreable , quon sent dans le discour, lorsque lécrivain , vivemant penetré
de ce quil veux dire, ce laisse aler au mouvemant naturele de son sentimant et de sa pensé , sans recherchez ni ses tour et ses expres-
cion , ni la liaizon et lordre rigoureuz des
idé. Quant on est bien penetré dune idé, dit
Voltaire , quant un espriz juste et plain de

chalcure possede bien sa pensé , elle sort de
son cervau, toute orné des exprécion conve-
nable , comme Minerve sorti toute armé du
cervau de Jupiter.

Voltaire fais sentire dans tous ces ouvrage
de vers et de prose , la justèce de cète com-
paraison ; il sont plain de cet *abandon* d'en-
trainement et de rapiditée , qui donne a son
stil un ton si animé et si naturèle , et des
couleur si brillante , sans désordre et sans
incorexion.

On trouve le meme *abandon* dans les
lettre de madame de Sévigné , et il faut
convenire que le genre epistolaire est celuy
au quel cète manierre senble convenire le
mieuz. Cest surtout dans ce sentimant inepuiz-
zable de tendrèce , que ces lettres offre mil
trait de cet *abandon* aimable et piquant. Nous
nen citterons quun exemple : «Ma chere fille ,
ce que je ferai baucoup mieuz que tout cela ,
cest de pencer a vous : je nai pas encor cescé
depui que je suis arrivé ; et ne pouvant con-
tenire tous mes sentimans , je me suis mis a
vous ecrire au bout de cète petitte allé sonbre
que vous aimez, assize sur ce siege de mouce
ou je vous ai vu quelque foiz couché. Mais ,
mon Dieu ! ou ne vous ai je point vu ici ? et
de quel façon toute ces pensé me traverse-

4

t-elle le chœur ? Il n'y a point dendroitz,
point de lieu , ni dans la maizon, ni dans
l'église, ni dans le pays , ni dans le jardain ;
ou je ne vous aie vu. Il ny en a point qui
ne me face souvenire de quelleque chose. De
quelque manierre que ce soit , je vous voi ,
vous mêtes presenté , je pence et repence a
tout, ma tete et mon espriz ce creuze : mais
jai bau tournez, jai bau cherchez, cète cherre
enfant que jaime avec tant de pacion est a
deux cent lieue de moi, je ne lai plus ; sur
cela je pleure sans pouvoir men empechez. »

A l'eleganse , a la noblesse, a l'harmony,
a la richece , quon admirre dans les psaume
de Rousseau, il faut joindre cète onxion quil
avoit puisé dans loriginale. Ce nest pas quon
ne puisse en desirez d'avantage , surtout
quant on a lu les chœurs de Racine : il y à
dans ceuz ci plus de sentimans, come il y a
plus de fléxibilitée dans les ton , et plus d'ha-
bilté a passez continuelement de l'elevacion
et de la forse a la douceure et a la grace, et
de faire contrastez la crainte et lesperance,
la pleinte et les çonsolacien. Mais il est juste
aussi de remarquez que les chœurs de Racine ,
melangé de toute sorte de rhythme, ce pre-
toit plus facilment a cète interressante varié-
tée ; c'étoit des odes que Rousseau vouloit

faire. Il est vrai encore que dans la seulle ou
il ait employé le melange des rhythme quil
auroit peut etre pu mettre en usage plus souvant, il nen a pas tiré, a beaucoup prez, le
meme partie que Racine dans ses chœur.
Mais enfin lon peut avoir moins de sencibilitée que Racine et nen etre pas depourvu ;
et c'est encor dans ses psaume que Rousseau
en a le plus.

Quelquefoiz Rousseau paraphrase longue-
ment et faiblement se qui est baucoup plus
bau dans la simplicité de loriginale.

> Les cieux instruise la terre
> A reverez leur auteur :
> Tout se que leur globe enserre
> Celébre un Dieu createur.
> Quel plus sublime cantique
> Que se concer magnifique
> De tous les céleste corps !
> Quel grandeure infini !
> Quel divine harmony
> Resulte de leurs accors !

Come le reste du psaume est fort supérieu-
re, on le citte souvent au jeune gens, et jai
vu se meme comencement raporté avec les
plus grans éloge dans vingt ouvrage fait
pour léducation de la jeunesse. Il seroit util
au contraire de leur faire appercevoir la di-
féranse de cète premiere strophe aux autre.

5

Les deux premier vers son baux , quoiquil ne vaille pas , a mon gré , la simplicité si noble de loriginale : *Les cieuz raconte la gloire de l'éternel, et le firmamant anonce louvrage de ses mains.* Mais tous les vers suivant sont rempli de faute. *Enserre* est un mot dure et désagréable , deja vieillit du tems de Rousseau. *Le globe* des cieux est une exprécion tres fausse. *Résulte de leurs accords* termine la strophe par un vers ausi sourt que prozaique. Jamais le mot *resulte* na du entrez que dans le raisonnemment. Mais ce quil y a de plus vicieux , cest la rédondanse de tous ces mot presque synonimes , *sublime cantique , concer magnifique , divine harmony , grandeur infinie :* cest un amat de chevilles indigne d'un bon poete.

XCII.

Emilie ne quita point sa tante jusque lontems aprez minuit ; elle serait resté d'avantage, si sa tante ne leut conjuré daler prendre un peu de repoz : elle obéit d'autant plus volontiez que la malade lui paroissoit soulagé : elle donna a Annette les memes instruxions quelle lui avoit donné la nuit precédante , et ce retira dans son apartement. Ses esprits était agité ; elle ne ce seroit point endormi ; elle prefera de survéliez cète misterieuze aparicion qui lui causoit tant d'alarme et tant dinteret.

Cetoit la segonde garde , et lheure ou la figure avoit deja paru. Emilie entendit les sentinèles qui ce relevoit ; et quant tout fut rentré dans le calme , elle repris sa place a la feneitre , et mit sa lampe de coté , afin de ne pas etre appersu. La lune donnoit une lumiere foible et incertaine ; dépaices vapeurs lobscurcissoit , et quant elle rouloit sur son disque , les teinèbres étoit absolu. Dans un de ces sonbres momens , elle remarqua une flàme légere qui voltigeoit sur la terrace ; pendant quelle regardoit , la flàme sévanouit. La lune setant montré au travers des nuage plonbé et chargé de tonnerres , Emilie contempla les cieux ; de nonbreux éclair silionnoit une nuée noir , et repandoit une lueure morne sur la masse des bois du valon. Emilie ce plaisoit a observer les grans elets du paysage : quelquefois au dessus dune montagne , un nuage ouvrait ces feuz ardans ; cete splandeure subite illuminoit jusques aux cavitées ; puis tout etait replongé dans une obscuritée plus profonde ; d'autre foi des eclair dessinoit tout le chateau , detachoit larcade gotique , la tourèle au dessus , les fortifications au dessous ; et alors ledifice en—

6

tier , ses tours , sa masse , ses etroite feneitre brilioit et disparoissoit a linstant.

Emilie, en regardant le rampart, revit encore la flamme quelle avoit remarqué : cète flamme étoit en mouvement. Bientôt apres, Emilie entendit marcher : la lumiere se montroit et seclipsoit successivement. Elle la vit passez sous sa feneitre ; mais lobscurité étoit telle quon ne pouvoit distinguez que la flâme ; tout à coup la lueure dun eclaire fit voire á Emilie quelqu'un sur la terrace. Toute les anxietées quelle avoit eprouvé la nuit precedante , se renouvellere : la personne savansa , et la flâme, qui sembloit ce jouer , paroissoit et sevanouissoit par momens. Emilie desiroit parler pour terminez ses doute , et sassurez si la figure etoit humeine ou bien surnaturèle. Le courage lui manquoit toute les foiz quelle ouvroit la bouche ; la lumiere setant enfin montré justement au dessus de sa feneitre , elle demanda dune voix languissente qui cétoit.

XCIII.

Pourquoy ne mavez vous pas renvoyé les deux livre que je vous ai fait redemandez? Je ne vous les avoit preté que pour sept a huit jour , et vous les avez gardé plus de troiz moi. Vous mavez dis dans le tems que vous les aviez laissé emportez par votre cousin qui les a laissé tombez dans la bout. Cest sandoute pour cela que vous navez pas osé me les renvoyé. — Les proverbes que nous avons vu jouer , et qui nous ont tant amusé , ont été composé par cet jeune persone que vous avez vu jouer le rôle de Ruth dans le dernier. Cète jeune persone est une étrangere qui nest arrivé en France que depui deux an. Les progrez quelle a fais dans l'étude de notre langue quelle navois jamais entendu parler avant son arrivé a Paris , ont paru surprenans a tous ceuz qui en ont été les temoin. Les petite piece quelle sest amusé à composez font nos delice depuy six mois. Je ne sçaurois vous dire tous les applaudissemens quelle lui on valu. — La foudre que nous avons entendu gronder, est tonbé sur une églize , qui a été brulé toute entiere. Toute les persone qui se sont trouvé dans cette eglize ce sont enfuis avec précipitation. En sortant, elle ce sont jeté les unes sur les autres; et un grand nonbre dentr'elles ont été blessé. Tous les eforts qu'on a fais pour arreter lincendie , ont eté inutils. La flàme c'est communiqué a toute les partie

de lédifice avec une rapiditée incroyable.
Lhistoire des sciences ne presante que deuz
homes qui, par la nature de leurs ouvrage,
paroisse ce rapprocher de Buffon, Aristote et
Pline. Tout deux, infatigable come lui dans
le travail, etonnant par limmencité de leurs
connaissances et par celle des plants quils ont
consu et exécuté ; tous deux, respecté pendant leur vie, et honoré aprez leur mort
par leur concitoyen, ont vu leur gloire sur-
vivre aux révolucion des opinion et des empire, aux nation qui les ont produits, et
meme aux langue qu'ils ont employé ; et ils
semble par leur exemple promettre a Buffon
une gloire non moins durable. — Ceux dont
cette princesse a presenté les vœux ou les
pleintes, offre pour elle de tout coté le sacrifice de leur larmes ou de leur priere. Les fa-
milles quelle a assisté, et qui lui doive le repoz
dont elle jouisse, lui souhaite incessamment
le repoz eternel devant Dieu. Les villes les
plus nonbreuzes assemble leurs peuple pour
lui rendre pompeuzement des devoirs funeibre. Les provinces quelle a autrefois édifié
par sa pietée, et par les aumones quelle y a
repandu, retantisse du bruit de ses louange.
Les pretres offre pour elle le sacrifice de Jésus-Christ sur les hotels ; et les pauvre quelle a

secouru demandent a Dieu pour elle la misericorde quelle leur a faite.

XCIV.

Les inquietudes que nous avions consu sur
le sort de mon frere , ce sont enfin dissipé.
Les lettres que nous en avons reçu ces jour
cy nous ont entierement rassuré. Il sest heu-
reusement tiré de tous les danjer qu'il à couru.
Autant il a rencontré dennemi, autant il en
a tué. Les arbres que jai vu planter , je les
ai vu croître en peu danée. Les ennemi que
nous avons eu à combatre , et que nous navons pu vaincre , ont peiri de froit et de faim.
La bone action que cète femme bienfaisante
avoit taché de rendre secrette , sest divulgué
promtement, et a excité ladmiracion de tout
ceuz qui en ont été informé. Les aviz que je
vous ai donné , mes amis , et que vous avez
négligé de suivre , vous auroit garanti des
maleurs que vous avez essuyé , et dont vous
netes devenu les triste victime que par votre
legerté et votre imprudance. Quelques soit
vos excuses, vous serez condanné par tout
les gens sensé. Vous vous étiez imaginé que
vous pouriez voler de vos propres ailes ; mais
votre chutte funeiste vous aura sans doutte
rendu plus circonspect. Ces peuple ce sont

laissé aller aux attrait de la voluptée, de cète
syrene enchantresse qui les a perdu sans res-
sourse. Ce qu'une juditieuze prevoyance na
pu mettre dans lesprit des homes, une maitresse plus imperieuze, je veut dire lexpe-
rianse, les a forcé de le croire. Osons être par
nous meme, et nous ne contrediront point
ces premieres imprécion que le ciel a tracé
en nous. Voila les ennemi que la reine a eu
a combattre, et que ni sa prudanse, ni sa
douceure, ni sa fermetée n'ont pu vaincre.
Que si lesprit dindocilitée et dindependance
sest montré tout entier à l'Angleterre, et si
sa malignitée sy est déclaré sans réserve, les
roiz en ont soufert ; mais aussi les roiz en
ont été cause : ils ont trop fait sentir aux
peuple que lancienne religion ce pouvoit changer : les sujez ont cessé den reverer les maxi-
mes quant ils les ont vu ceder aux passions
et aux intereits de leur princes. Ces terres
trop remué, et devenu incapable de consis-
tanse, sont tombé de toute part, et nont fait
voir que deffroyable precipisses : j'appèlé ainsi
tant derreurs temereires et extravagante quon
voyoit paroitre tous les jours.

XCV.

Mais la sage et religieuse princesse qui fait
le sujet de ce discour na pas été seulment un
spectacle propozé aux homme pour y étudiez
les conseil de la divine providanse et les fa-
tale revolucion des monarchis ; elle sest instruit elle meme pendant que Dieu instruisoit
les prinse par son exemple. Elle a egaleman̄
entendu deux leçon bien opposé , cest a dire
quelle a usé chretiennement de la bone et de
la mauvaise fortune. Dans lune elle a été
bienfaisante , dans lautre elle sest montré
toujours invinsible. Tant quelle a été heureuze , elle a fait sentir son pouvoir au monde
par des bontée infini ; quant la fortune leut
abandonné , elle s'enrichit plus que jamais elle
meme de vertuz : telment quelle a perdu pour
son propre bien cète puissance royalle quelle
avoit recu pour le bien des autre ; et si ses sujez , si ces alliés , si léglise universelle a pro-
fitté de ses grandeures , elle meme a su pro-
fitter de ces malheur et de ces disgrace plus
quelle navait fait de toute sa gloire. — Avec
quel prudanse elle traitoit les afaire ! une
main si habile eut sauvé l'etat si l'etat eut
pu être sauvé. On ne peut assez louez la ma-
gnanimitée de cette princesse. La fortune ne

pouvoit rien sur elle ; ni les maux quelle a prévu , ni ceuz qui lont surprise , nont abatu son courage. — Que si lhistoire de léglise garde cherement la mémoire de cète reine, notre histoire ne taira pas les avantage quelle a procuré a sa maison et a sa patrie : femme et mère tres cherri et très honoré , elle a reconcilié avec la France le roi son mari et le roi son fils. Et depuis ne sest elle pas appliqué en toute rencontre a conserver cette meme intelligence ? — Quant jenvisage de prez les infortune inoui dune si grande reine , je ne rouve pl us de parole ; et mon esprit, rebutté de tant dindignes traitement quon à fais a la majesté et a la vertue , ne ce résoudroit jamais a se jetter parmi tant d'horreures , si la constanse admirable avec laquelle cette princesse a soutenu ces calamités ne surpassoit de bien loing les crime qui les ont causé.

CXVI.

Une des plus essencielle et des plus noble fonxion des souverain , cest de randre la justisse aux peuple. Saint Louis en fit une des prinsipale occupacion de son reigne. Il écoutoit, il examinoit lui meme par son équitée les différans de son peuple. L'entrée du Louvre étoit libre a tous ceuz qui recouroit a sa pro-

texion. On ne voyait pas autoure de lui des
rans affreux de garde en haye pour effrayer
les timide, ou pour rebuttez les importun :
il ne falloit pas ganiez par des presans ou
fleichire par des priere des huissiez inteiressés
ou inexorable. Il ny avait point de barrieire
entre le roi et les sujez que le moindre ne pû
franchire. On nattendoit pas quelle seroit son
sort auprez de ces porte superbes quon en-
trouve de tems en tems pour exclurre, non
pas pour recevoir ceuz qui ce présente. On
navoit besoin d'autre recomandacion ni d'autre credi que de celui de la justisse ; et cetoit un
titre sufizant pour etre introduit auprez du
prinse, que d'avoir bezoin de sa protexion.

Que jaime à me le represantez ce bon roi,
comme lhistoire le représante dans le bois
de Vincennes, sous ces arbre que le tems a respecté, sareitant au milieu de ses diverticemans
innosans pour ecoutter les pleintes et
pour recevoire les requettes de ses sujetz !
Grans et petis, riche et pauvres, tous penei-
troit jusqu'a lui indifeiramant dans le tems
le plus agréable de sa promenade. Il ny avoit
point de differanse entre ses heure de loizir
et ses heure doccupation. Son tribunale le
suivoit partout où il alloit. Sous un daiz de
feuliage, et sur un trône de gason, comme

sous les lambri doré de son palais et sur son
lit de justice , sans brigue, sans faveure , sans
acception *de* qualitée ni de fortune , il rendoit sans délaie ses jugemens et ses oracle
avec autoritée, avec équitée, avec tendresse ;
roi , juge et père , tout ensemble.

XCVII.

Vous trouvrez ci incluze la lettre que vous
mavez prié décrire en votre faveure a monsieur le directeur-general des douanes du
royaume. Je crains que cète recommandacion
ne vous soit pas aussi util que je lavois cru dabort. J'aurois cependant bien désiré pouvoire
vous marquez par mes bons offices toute la re-
connaissance dont je suis penetré pour les nonbreuz servisse que vous avez bien voulu me
rendre , et que je noublirai jamais. Je vous ai
envoyé la semeine passé les deux cent
louis que vous m'aviez demandé. Je suis sur-
pris que vous ne mayez pas encore écris que
vous les avez reçu. Cependant lhome auquele
je les ai confié à du arriver a Moulins au bout
de deuz jour , et il les aura sandoute fais porter
chez vous le lendemain. Cète somme complé-
tra les onze mils francs que je m'etois engagé
a vous payez ce moi ci. Je metterai la meme

exactitude dans les payemens que je doit vous faire le moi prochaint.

Le peu de progrez que ces eleves ont fais dans letude de la langue latine a la quèle il ce sont appliqué depuis deuz ans , prouve que la metode que le maitre a suivi , ne sçauroit produire les succeis quil en avoit esperé. Le peu de confiance que javois mise en cette metode ce trouve justifié par levenement. Je me defirai toujours de ces nouvèles metodes quon a imaginé depui vingt an , et dont aucune na été couroné par les prodigieuz succeis que les inventeurs avoit osé sen promettre..... Mes soeur, que vous avez laissé partire , ne reviendront plus dans cette maison quelles ont quité et quelles nont aucunement regreté. Les chaleures excessive quil a faite pendant les deux moiz quelles ont passé ici , les ont enpéché de sortire. Elle ce sont peu promené ; elle ce sont baucoup ennuyé ; elle ce sont proposé de ne jamais revenire. Je vous ai dis avec quel impatiance elles ont atendu lépoque que ma mere avoit fixé pour leur départ , avec quelle joye elles lont vu enfin arrivez..... La ferme que nous nous étions proposé dacheter nest pas aussi considerable quon nous lavoit annonsé. Nous avons été la voir hier , et nous avons reconnu que les raports quon

nous avoit fait sur son étendu et ses produis ,
etoit bien exageré. Elle ne contient guere que
deuz cens hectares tant en terres ensemancé
quen vignes et en preirie. Le fermiez qui la
exploité depuis neuv an nenploye que trois
charus. Les benefices quil nous a assuré quil
avoit fais , ne ce seroit jamais elevé au de la
de huit a neuf cent frans , ces dépences pre-
levé...

O toi ! soleil , o toi qui rend le jour au monde,
Que ne la tu laissé dans une nuit profonde !
A de si noir forfais prete tu tes rayons ?
Et peux tu sans horreure voire se que nous voyons!
Mais ces monstres , helas! ne tépouvente guere;
La race de Laïus les a rendu vulgaire :
Tu peux voir sans frayeure les crimes de mes fils ,
Apres ceux que le pere et la mere ont commis.
Tu ne tétonne pas si mes fils sont perfide ,
Sil sont tout deux mechant , et sil sont paricide;
Tu sçais quil sont sorti d'un sang incestueux ,
Et tu tétonnerois , sils étoit vertueux.

(RACINE, *tragédie des Frères ennemis.*)

XCVIII.

Lheure que jai entendu sonnéz me rapèle la
parole que jai doné de mé rendre dans une assemblé nonbreuze qui doit avoir lieu aujour-
duy pour discuter une question tres interressante que la chanbre du commerce a renvoyé
a notre examen. Les papiez que jai entendu

lire font mension de deuz grans combat qui
ce sont livré entre les Russes et les Turcs, et
dans lesquels les Turcs ont remporté des avantage que les Russes leurs ont fortement disputé. Les alleluia que nous avons entendus
chantez, nous ont baucoup réjoui. Nous nous
some présenté ce matin chez votre tente. La
domestique qui est venu nous ouvrire la porte,
setoit fait attendre, nous avoit laissé sonez
plus dune demie heure. Nous lavons bien
grondé ; elle sest fâché ; elle nous a empeché
dentrez chez sa maitresse. Nous nous somes
écrié : Madame, veuliez bien ordonner a votre
domestique de nous laisser entrez. Nous
avons quelque chose de tres important a
vous communiquez ; nous ne pourons pas
revenire plus tard. Votre tente sest haté de
venire nous recevoire ; et elle a fait à la servante tout les reproche quelle a du. Quels
aventages avez vous retiré des mensonges
honteux que vous navez pas crains de repan-
dre contre vos ennemits et contre vos melieurs
ami meme. La véritée a percé, et lindiniacion
publicque que nous avons vu eclatez, vous a
aprit quel cas ont fait de vos pareil. Que de
péril j'ai couru dans les deux derniez voyages
que jai fais! Ces juges ce sont laissé ganiez
par lapas d'une some qu'on leur a promise,

mais quil nont pas touché. Nous les avons vu
tombez, ces colosse au piez dargile ; cest par
ceuz la meme qui les avoit elevé si haut, que
nous les avons vu abatre. Turgot et Sully ce
sont imortalizé par leur vertus plus encore
que par leur talens. Tous les gens de loi que
nous avons consulté, nous ont assuré que
nous gagnerions notre proces. Maleureuse
Calypso, tu tes trahi toi meme ; te voila engagé, et les onde du Styx par les quelle tu as
juré, ne te permette plus de changer ! Les feu
quon avoit alumé, ce sont éteins deuz meme.
Ceux qui les avoit alumé, nen ayant plus besoin, les ont laissé eteindre. Les imbécils que
tu a entendu babilier si impertinamant sur des
sujetz si puéril, se sont tu quant ils nous
ont vu entrer. Ces soldats dent la renommé a
chanté les explois, ne ce sont jamais laissé
abatre par les privacions quils ont eu a supor-
tez. Ils ont usé de toute les ressource qua
comporté leur situacion.

Que pourois je esperer dune amitié passé,
Quun long eloignement na que trop efacé ?

(RACINE.)

XCIX.

Mes ami, par quelles illusion ne vous etes
vous pas laissé abuzer ? Julie a perdu la cu-

lière quelle setoit chargé de porter a son frere
Achille. On a puni ces deux home, non pour
les maux quils ont fais, mais pour ceuz quils
ont laissé faire. De quatre vingt louis que
avois emporté en partant, jen ai depensé
ngt, jen ai doné quinze a ma seur, que jai
ouvé peu heureuse, et jai raporté les quarante
q autre. Nous nous somes rejoui de ce que
s ennemi avoit négligé les bèles occasions
ils avoit eu de nous ataquez, de ce quil les
oit laissé échaper, de ce quils nen avoit
int profité. Nous avons fait tous les effors
e nous avons pu, et cepandant nous na-
s pas reussi dans notre entreprise. La
tre que jai presumé que vous aviez reçu la
maine passé, ne vous a donc été remise
e dans les premiez jour de celle ci? Les
res que vous mavez prié de vous envoyer,
t été porté ce matin au burau des messa-
is. Les six ans qua duré notre liaizon se
ut ecoulé fort agreablement. Les dix jour
e jai demeuré chez vous ne mont paru
un instant. Les baux jours quil y a eu cette
onne ont été atribué par le peuple a lin-
mse de la comette que nous avons vu pa-
re a la fin de lété dernier. Les deux heure
e jai dormi mont soulagé la tete. Le
ne que le comerce leur a valu ne les on

H

pas enrichi. Je ne croi point que vos deuz chevauz, quel que baux quils soit, vaille les deuz mils ecu quils vous ont couté. Que de soins ma couté cette afaire que vous m'avez confié, et que jai heureuzement terminé! A quoi vous ont servi les soins que vous vous etes doné, les peine que vous avez prise pour obliger ces méchante gens? Les trois lieues que nous avons couru a traverd les chants nous ont doné un grand apétit. Mon frere na obtenu aucun des emploi quil a couru. Croyez vous que cette maizon vaille encor aujourdhui les vingt mille frans quelle a valu il y a six ans? Les trois postes que nous avons couru nous ont couté seize frans. La statue equestre que vous avez vu eriger lan passé, est tombé. Le dernier oraje la renversé. Cest un aveugle de l'ospice des Quinze-Vingt, qui a exécuté les beaux chefs d'œuvres que tu as admiré et que tu tes proposé d'imiter. Quelque soit les ecueil dont la nef d'Ulysse ce soit vu menacer, elle sen est garanti, et ne sen est pas laissé endommager. — Racine met ces paroles dans la bouche de Jocaste:

Dureront il toujour ces ennui si funestes?
Népuizeront il point les vengences céleste?
Me feront il soufrir tant de cruel trépas,
Sans jamais au tombau précipiter mes pas?

O ciel , que tes rigueures seroit peu redoutable ,
Si la foudre dabort acabloit les coupable !
Et que tes chatimens paroissent infini
Quand tu laisse la vie a ceux que tu puni !
Tu ne lignore pas , depuis le jour infame ,
Ou de mon propre fils je me trouvai la femme ,
Le moindre des tourmens que mon chœur a soufers ,
Égalle tous les maux que lon soufrè aux enfer.
Et toutefois , ô dieux ! un crime involontaire
Devoit il atirer toute votre colere ?

(*Tragédie des Frères ennemis.*)

C.

ÉRUPTION DU VOLCAN DE QUITO.

Heureuz les peuple qui habite les valées et
les colines que la mer a formé , dans son saint,
des sables que roule ses flots , et des dépouille
de la terre ! Le pasteur y conduis ses trou-
pauz sans allarmes : le laboureur y seime et
y moissone en paiz. Mais malheur aux peuple
voizins de ces montagnes soursilieuse dont
le piez na jamais trempé dans l'Océan, et
dont la cime s'éleive au-dessus des nue ! Se
sont des soupireaux que le feu souteirain sest
ouvers en brisant la voute des fournaise profonde où sans cesse il boulione. Il a formé ces
mons des rochez calsiné , des meteaux bru-
lants et liquide , des flots de cendres et de bitume quil lansoit , et qui , dans leur chutte

sacumuloit aux bords de ces goufres ouvers. Maleur aux peuples que la fertilitée de ce terrein perfide atache ! Les fleures, les fruis et les moisson couvrent labime sous leurs pas. Ces germe de féconditée dont la terre est penetré, son les exhalaisons du feu qui la dévore ; sa richesse, en croissant, preisage sa ruine, et cest au sin de labondanse quon lui voit engloutire ses heureux possesseur. Tel est le climas de Quito. La ville est dominé par un volcan terrible, qui, par de frequente secouces, en ebranle les fondement.

Un jour que le peuple indien, répandu dans les campagne, labouroit, semoit, moissonoit (car ce riche vallon preisente tout ces traveaux a la foiz), et que les filles du soleil, dans linterieure de leur palais, étoit occupé, les unes a filez, les autres a ourdire les preicieux tissuts de laine don le pontife et le roi son veitu, un bruis sourt se fait dabort entendre dans les entraille du volcan. Ce bruit, sanblable a celui de la mer, lorsquelle consoit les tempeites, s'accroit, et se change bientot en un mugicement profont. La terre tremble ; le ciel gronde, de noir vapeures lenvelopent, le temple et les palets chancèlent et menacent de sécroulez; la montagne sébranle, et sa cime entrouverte vomit, avec les vens

enfermé dans son sin, des flos de bitume liquide, et des tourbilion de fumée, qui rou-
gisse, senflament, et lance dans les airs des
éclas de rochez brulant quils ont détaché de
labime : superbe et terrible spectacle de voir
des riviere de feu bondire a flos étincelans,
au traverd des monsaux de neige, et s'y creu-
zer un lit vaste et profont.

Dans les murs, hors des murs, la désola-
cion, lepouvante, le vertige de la terreure, se
rependent en un instant. Le laboureur regarde, et reste immobil. Il noseroit enta-
mer la terre quil sent come une mer flotante
sous ses pas. Parmis les pretre du Soleil, les
uns tramblant selansent or du temple ; les
autres consterné embracent lautel de leur dieu.
Les vierges éperdu sorte de leurs palais, dont
les tois menace de fondre sur leur tete, et
courant dans leurs vastes enclots, pales, éche-
velé, elles tende leurs mains timide vers ces
murs d'ou la pitiée meme nose aprocher pour
les secourire.

(*Les Incas.*)

CI.

Quant la nuit fut revenu, Emilie setant
rapellé la musique mistérieuze quelle avoit

3

deja entendu , espera quelle lentendroit en-, core. Linfluance de la supersticion devenoit chaque jour plus active sur son esprit afaibli par la douleure. Setant déterminé a atandre seul , elle congedia Annette : il étoit encore loin de lheure ou la musique cétoit faite entendre ; et , dans le desir de distraire ces pencée , et doublier un sujet d'aflixion , elle choizit un des livres quelle avoit aporté de France. Mais son esprit inquiet et agité ne pouvoit soutenir laplication. Elle alla mil foiz a la feneitre pour ecoutez les son quelle avoit esperé dentendre. Elle setoit imaginé un moment quelle entendoit une voiz. Mais bientot elle reconnu que tout etoit tranquil ; et elle se crut tronpé par son imaginacion.

Ainsi passa le tems jusqua minuis. A se moment , tous les bruis éloinié qui murmuroit dans lansainte du chatau se trouverent assoupi presque a la foiz , et le someil sembla régnez partout. Emilie, setant mise a la feneitre , fut tiré de sa reiverie par des son fort extraordineire : ce netoit pas une harmonie, mais cetoit les murmurs secrez dune persone désolé. En ecoutant , le cœur lui manquat de terreure, et elle demeura convaincu que les premiez acors quelle avoit cru entendre netoit quimaginaire. Par intervals,

elle entandait de feibles lamantacions , et
cherchait a decouvrire dou elles venoit. Il y
avoit au dessous delle un grant nombre de
chanbre ferıné depuis lontems , et il étoit pro-
bable que le bruit en sortoit. S'etant panché
sur la feneitre pour decouvrire quelque lumiere , elle cru rémarquec que toute les
chanbres etoit dans les teneibres ; mais ,. a
peu de distanse , sur le rampart , elle crut
appercevoir quelque chose en mouvemant. Le
foible éclas que donoit les étoilles ne lui
permettoit pas de distinguez précizement.
Elle jugea que cetoit une sentinelle de garde ,
et mit de coté la lumiere pour observer avec
loisir , sans etre elle meme remarqué.

CII.

Le brigand avoit enfermé la tante d'Emilie
dans cette tour , et ly avoit abandóné a la
plus rigoureuze captivitée. Sans remors , sans
pitié , il lavoit laissé languire en proye a une
fievre dévorante qui lavoit mis enfin aux
porte du tonb'au. Le sang dont Emilie avait
vu la trasse dans lescaliez avait coulé dune
blessure que lun des sattellite du brigant avoit
reçu pendant le conbat, et qui setoit débandé
en marchant. Pendant la nuit , ces homes

4

setoit contenté de bien enfermez leur pri-
soniere , et ils avoit ensuite cessé de la garder.
Cest pour cela qua la premiere recherche ,
Emilie avoit trouvé cette tour deserte et silen-
sieuze. Quand elle fit un efort pour ouvrire la
porte de la chambre , sa tante setoit endormi;
et le silence profont qui regnoit lui confirma
lidée que sa tante nexistoit plus. Cependant,
si la terreure ne leut pas empeché de reco-
manser a lapeller, la tante ce seroit revélié,
et la nièce se seroit eparnié bien des peine.
Quant la nuit fut venu , Emilie voulu la
passer prez de sa tante ; mais celle si sy opo-
sa absolument. Elle exigea que sa niesse alā
prendre du repoz , et qu'Annette seulle resta
prez delle. Le repoz veritablement étoit bien
necessaire a Emilie , aprez les secouces et les
mouvemens quelle avoit eu a suporter dans
ce jour. Ocupé de reflections mélancholique,
anticipant tristement sur lavenir, Emilie ne
setoit pas mis au lit ; elle setoit apuyé , dans
sa reiverie, au bort de sa feneitre ouverte.
Les bois et les montagnes, tranquilment éclai-
ré par lastre des nuis, formoit un contraste
penible avec letat de son esprit; mais le murmure des bois et le someil de la nature adou-
cirent graduelment les émocions quelle resan-
toit , et soulagèrent enfin son cœur jusqua

lui faire versez des larmes. Elle resta à pleu-
rez pendant assez lontems, sans suivre aucune idée, et ne concervant que le sèntiment
vague des maleurs qui pesoit sur elle. Quant
a la fin elle ota le mouchoire de ses yeux,
elle appersut devant elle, sur la teirasse, la
figure quelle avoit deja observé. Elle étoit im-
mobile et muète en face de ses feneitre. En la
voyant, elle tressaillit, et la terreure, pour
un moment, surmonta sa curiositée. Elle
revint ensuite à la feneitre, et la figure y
etoit encor ; elle put lexaminez, mais non
pas lui parler, comme elle se letoit dabort
proposé. La lune étoit briliante, et lagitacion
de son esprit étoit peut etre lunique obstacle
à ce quelle distingua neitement la figure qui
etoit devant elle. Cette figure ne fesoit aucun
mouvement, et Emilie douta quelle put etre
animé.

CIII.

Un Plébeyen chargé de fers vint se jeter
dans la place publique come dans un azile.
Ses habis etoit moulié ; il étoit pale et défi-
guré ; une grande barbe et des cheveuz négligé
et en dezordre rendoit son visage afreuz. On
ne laissa pas de le reconnoitre, et quelque

persones ce souvinre de lavoir vu dans les
armée comander et combatre avec beaucou
de valeure. Il montroit lui meme les cica-
trisse des blessure quil avoit reçu en difé-
rantes ocasions , il nomoit les consuls et les
tribuns sous les quels il avoit servi ; et, adres-
sant la parolle a une multitude de gens qui
lenvironoit , qui lui demandoit la cause de
l'état deplorable ou il etoit reduit , il leur dit
que , pandant quil portoit les armes dans la derniere guère quon avoit faite contre les Sabins ,
non seulement il navoit pu cultivez son petit
éritage , mais que les ennemi meme , dans
une course , aprez avoir pilié sa maison , y
avoit mis le feu ; que les besoin de la vie et
les tribus quon lavoit obligé de payer malgrez
cette disgrasse , lavoit forsé de faire des deites;
que , les intereis sétant insansiblement accumulé , il setoit vu reduit a la triste necessitée
de ceder son éritage pour en acquitter une
partie ; mais que le creancier inpitoyable ,
nétant pas entièrement payé , lavoit fait
traîner en prison avec deux de ses enfants ,
que , pour lobliger a accélerer le payement de
se qui restoit du , il lavoit livré a ses esclave ,
qui , par son ordre , lui avoit dechiré le cors :
en meme tems il se decouvrit , et montra son

doz encore tout sanglant des cous de fouet quil avoit reçu.

(VERTOT, *Révolutions romaines.*)

Les accuzateurs de Manlius lui reprochère ses discours sédicieux, les changement quil avoit proposé de faire dans le gouvernement, ses largesses intéressé pour soulver la multitude, et la fauce accuzacion dont il avoit ofancé tout le corps du senat. Manlius, sans entrez dans la discucion de ses diferant chefs, ni repondit que par le recit de ses servisse, et des temoiniages quil en avoit reçu de ses generaux : il representa des brasselets, des javelos, deuz courones d'or, pour etre entré le premiez dans une ville ennemi par la breiche ; huit courones civique pour avoir sauvé la vie dans des batailles a autant de citoyen, et trente depouille d'ennemis quil avoit tué de sa main en combas singuliez. Il ce decouvrit en meme tems la poitrine, quil fit voir toute couverte des cicatrisses que lui avoit laissé les blessure qu'il avoit reçu dans ces combas : enfin il apella Jupiter et les autre dieux a son secours ; et, ce tournant vers l'assemblée, il conjura le peuple de jeter les yeux sur le Capitole avant que de le condamner.

(*Le même.*)
6

CIV.

Vos seur sont plus sage que je ne lavois pensé. La nouvèle tragedie est mieuz écrite que vous ne laviez imaginé. Baléazar possede plus de tresorts que son pere nen avoit amassé. La mortèle offence que vous aviez reçu avoit justement exsité toute votre indignacion ; mais la venjeanse terrible que vous en avez tiré a du vous satisfaire plainement. Autant d'ennemis on lui a suscité, autant il en a vaincu. Plus il a rencontré de difficultée, plus il en a surmonté. J'ai reçu les fruis que vous mavez envoyé ; plus jen ai mangé, plus je les ai trouvé délicieuz. Les figures que vous avez vu dessiner ne sont pas dun bon gout ; on les a agrandi dun pouce. On les a fait tracer a votre soeur, qui les à très-bien exécuté. Que de rois se sont succédé sur le trone de France ! Que de siecles se sont ecoulé depuis la creation du monde ! Les oreison funeibre de Bossuet sont autant de ché-deuvre. A une male et vigoureuze elocance il joignioit, dans ses sermons, a lavantage que lui donoit une vaste erudicion, celuy d'etre plein, solide, instructif. Aussi ces sermon lui atirerent l'admiracion géneral, et lui meritèrent la protection d'un monarque qui sçavoi

reconoître et recompencer le geinie partout
ou il ce trouvoit. Bossuet tenoit ché lui des
conféirances ou se rassembloit les docteur
les plus distingué. On y étudioit lEcriture
sainte ; chacun apportoit ses recherches et ses
remarque particuliere ; et Bossuet a recueilli,
dans les notes quil a donné sur les psaume
et sur les cinq livre de Salomon, tout ce qui
lui paru digne d'etre conservé. Jamais évei-
que ne rempli les fonxions de l'épiscopat
avec plus d'exactitude et de zele. Ses predi-
cacions, ses reglemen, ses ordonnanse, les
cathéchismes et livres de prieires et de pietée
quil a composé, et les freiquante tournée
quil faisoit dans son dioceze, prouve avec
quel attention il veilioit sur les fideles confié
a ses soin. Bossuet mourut en 1703.

SUJETS DE COMPOSITIONS (1).

1. Ecrire à une amie qui est dans un pensionnat, qu'on la plaint d'être éloignée de ses parents; qu'elle doit être bien sûre que ses parents gémissent également d'être séparés d'elle ; mais que le moyen de les consoler et de se consoler elle-même, c'est de mettre à profit les différentes leçons qu'elle reçoit pour son instruction.

2. Sur la nécessité de réprimer le penchant à la raillerie. Combien le railleur est dangereux ! Il sert son esprit aux dépens de son cœur. Il sacrifie son meilleur ami à un bon mot. Une raillerie modérée est le sel de la société. Elle peut servir à corriger des ridicules. Ne jamais railler personne sur les défauts corporels. Comment on doit supporter la raillerie en société.

3. Sur le plaisir de faire une bonne action.

---

(1) Dans le corrigé de cette Cacographie, j'ai placé quelques-uns de ces devoirs, tels qu'ils ont été faits par plusieurs de mes élèves. Je suis loin de croire qu'on ne puisse pas mieux faire. Mais je n'ai rien changé au travail des élèves, et je prie les personnes qui seroient tentées de le juger avec sévérité, de penser que c'est le travail de jeunes personnes à peine âgées de quatorze ou quinze ans.

4. Sur les précautions à prendre dans le choix d'une amie. Quelles qualités on doit désirer dans une amie.

5. Lettre à une jeune personne qui, ayant de la beauté et de la fortune, se croit dispensée d'acquérir des connoissances et des talents.

6. Quels sont les moyens de plaire dans la société?

7. Lettre d'excuses d'une jeune personne à son amie. Les deux demoiselles se sont trouvées dans une société, et ont soutenu chacune une opinion différente. La première y a mis trop de feu, et a outragé son amie. Dire comment on doit se conduire en défendant son opinion contre les autres.

8. Comment on doit se conduire envers ses supérieurs, envers ses égaux et envers ses inférieurs.

9. Sur l'ingratitude. Tout le monde déteste l'ingrat. Sa conduite tend à refroidir la générosité. Le cœur de l'ingrat est semblable à un désert qui boit avidement la pluie du ciel, l'engloutit et ne produit rien. L'ingrat est un serpent réchauffé dans le sein d'un bienfaiteur, qu'il perce de son dard. Mais l'ingratitude ne doit pas arrêter l'homme bienfaisant.

10. Discours dans lequel Eve exprime à Adam ses regrets de l'avoir excité à désobéir à Dieu. Sans elle, sans ses funestes conseils, tous deux seroient encore innocents, et jouiroient de leur bonheur dans l'Éden. Elle frémit à la vue des maux qu'elle a attirés sur son époux et sur toute la race humaine. Elle voudroit être seule victime, porter seule tout le poids de la colère céleste. Elle le demande à Dieu.

11. Lettre d'une jeune personne qui est allée passer quelque temps à la campagne chez une de ses tantes. La nourrice de cette demoiselle demeure dans le même village. Cette femme est malade, et manque de tout. La jeune personne demande à sa mère des secours pour sa pauvre nourrice. Elle peint la situation dans laquelle elle l'a trouvée. Motifs qu'elle fait valoir, sacrifices qu'elle offre de faire, etc.

12. Lettre sur l'espérance. L'espérance est un des plus grands bienfaits que le Créateur ait accordés à l'homme. Elle nous accompagne dans tous les âges, dans la jeunesse, dans l'âge mûr, dans la vieillesse. Elle nous suit dans la prospérité qu'elle embellit, dans l'adversité qu'elle nous aide à supporter. Elle

ne nous abandonne même point dans nos der-
niers moments, où tout nous échappe; mais
elle dirige nos regards vers la félicité céleste que
Dieu nous a réservée, etc.

13. Peindre, dans un discours, l'étonne-
ment, la douleur, le désespoir de Caïn à la
vue d'Abel qu'il vient d'étendre sans vie à
ses pieds. Il appelle ce frère, et ce frère ne lui
répond point. Voilà donc ce que c'est que la
mort; voilà l'effet du péché d'Adam! Où
Caïn va-t-il se cacher? comment retourner
vers sa famille? que répondra-t-il à cette famille? que répondra-t-il à Dieu?

14. Lettre sur la bienfaisance. *Ce n'est que
pour donner que le Seigneur nous donne.*

(FLORIAN.)

15. Discours dans lequel Clotilde exhorte
Clovis à abjurer le paganisme, et à se faire
chrétien. Au moment où ce prince va partir
pour combattre les Germains qu'il rencon-
trera à Tolbiac, Clotilde lui rappelle tout ce
qu'elle a déjà fait pour l'engager à renoncer
à des dieux de pierre et de bois, à des dieux
cruels que leurs prêtres honorent par des sacrifices humains. Il ne manque à la gloire de
Clovis que de reconnoître le vrai Dieu. Clo-

tilde finit en lui recommandant d'invoquer le Dieu des chrétiens, s'il se trouve dans quelque danger, et lui promet le secours de ce Dieu tout-puissant.

16. Lettre dans laquelle on rend compte d'une promenade en bateau sur une rivière. Beauté du rivage. Arrivée à un moulin. Déjeûner champêtre. Retour. Orage, etc.

17. Si nous étions au temps des fées, et que l'une d'elles vous offrît un don qui dût contribuer au bonheur de votre vie, que lui demanderiez-vous? Rendre raison de votre choix.

18. Clotilde détourne ses fils Childebert et Clotaire du dessein qu'ils paroissent avoir formé de massacrer les enfants de Clodomir. Ce n'est que parce qu'ils ont usé de surprise, que ces enfants sont dans leurs mains. Ils doivent en être les protecteurs, et non les bourreaux. Leur cruauté va les rendre l'exécration de leurs contemporains et de la postérité. Ils vont précipiter leur mère infortunée dans le tombeau..... *Que veulent dire cette épée, ces ciseaux*, etc. ?

19. Une demoiselle écrit à sa tante, et lui rend compte du plan qu'elle s'est formé relativement à ses liaisons dans la société. Elle évitera les liaisons *inutiles*. Que feroit-elle

d'une amie paresseuse, ignorante ? Le dégoût, l'ennui, l'accompagnent. Elle évitera les liaisons avec des personnes dont les principes, la conduite sont contraires à la vertu. Le souffle empesté de pareilles amies donneroit la mort à son ame. Elle évitera même les personnes qui ne sont que légères, dissipées, imprudentes. Il ne suffit point de fuir le mal ; il faut en éviter même l'apparence : le soupçon seul flétrit la réputation.

20. La reine *Blanche* détourne saint Louis d'accomplir le vœu qu'il a fait pendant sa maladie, de partir pour la Terre-Sainte. Les évêques déclarent que ce vœu n'est pas obligatoire. Un roi est appelé de Dieu à gouverner lui-même ses peuples, et à les rendre heureux, etc.

21. Lettre sur l'émulation. L'émulation élève l'homme, l'améliore, ennoblit son esprit. Elle est la mère des talents, des arts, des sciences. C'est à elle que nous devons tous les grands hommes, guerriers, poëtes, orateurs, peintres, etc.

22. Le sommeil du riche, et le sommeil du pauvre ; tableau par opposition.

23. Burrhus détourne Néron du meurtre de Britannicus. Tirer ses motifs des sentiments

de l'humanité, de la nature, de la gloire. *Est-il las d'être les délices de Rome?*

24. Peindre l'homme juste calomnié, persécuté, condamné même à une mort honteuse. Il n'existe plus pour lui dans l'univers que lui-même et Dieu. Témoignage que lui rend sa conscience. Confiance qu'il a mise dans la justice de son Créateur.

25. Brunehaut demande justice à son époux de la mort de Galsuinde. Les auteurs du crime, Chilpéric et Frédégonde, se sont trahis eux-mêmes par le mariage qu'ils viennent de contracter publiquement. Sigebert laissera-t-il un tel forfait impuni?

26. Lettre sur l'indiscrétion. Une personne indiscrète est une lettre décachetée que tout le monde peut lire. Mettre en scène une petite miss indiscrète dont les funestes bavardages produisent des querelles dans les maisons, font renvoyer des domestiques, et causent divers accidents dans la société.

27. Faire le parallèle de Thémistocle et d'Aristide.

28. La mère de Coriolan engage cet illustre rebelle à éloigner ses troupes de Rome, sa patrie. Il avoit déjà méprisé l'ambassade des sénateurs et celle des prêtres. Motifs qu'em-

ploie cette femme. Ce qu'on doit à une patrie même ingrate. Combien il y a de grandeur d'ame à vaincre son ressentiment. La tendresse qu'il avoit autrefois pour sa mère. L'accueil qui attend Véturie à Rome, si elle fléchit son fils; la gloire qui lui est réservée même dans les siècles à venir. Ce qu'elle est décidée à faire, si elle le trouve inflexible.

29. Philippine, reine d'Angleterre, détourne Edouard du projet qu'il a formé de livrer à la mort les six patriotes Calaisiens. Motifs tirés de la gloire d'Edouard, du dévouement héroïque des six victimes, de ce qu'elle a fait elle-même pour la gloire de son époux, en combattant contre le roi d'Ecosse, qu'elle a fait prisonnier pendant qu'Edouard étoit en France.

30. Lettre de bonne année à un père, à une mère. Une année vient de s'écouler. On se reproche de n'avoir pas fait tous les progrès qu'on auroit dû faire. On connoît mieux le prix du temps. On va s'appliquer sérieusement. On sent que c'est la meilleure manière de prouver sa tendresse à ses parents.

31. Bienfaits du christianisme dans ses établissements en faveur de l'humanité souffrante.

52. Nécessité de réprimer son caractère, et de le porter à la douceur. Les personnes douces se font aimer de tout le monde. La Fontaine a dit : *Plus fait douceur que vio-lence*.

33. Lettre d'une jeune personne à sa mère, à l'occasion du mariage d'une sœur aînée. On voit avec plaisir cette sœur trouver un établissement avantageux ; mais on la plaint d'être obligée de se séparer d'une bonne mère. On se propose de redoubler d'amour et de soins pour cette mère, et de lui tenir lieu de deux filles, etc.

34. L'homme indolent et sans caractère.

Comparer sa vie à celle de la plante. Établir avec précision quelques points de rapport entr'elle et lui.... Il végète comme la plante.... Incapable de vouloir par lui-même ; ne voyant, ne pensant que par autrui, etc....; n'aimant personne, n'étant aimé de personne.

35. Parallèle de l'homme ambitieux et de l'homme modeste.

36. On revient de la campagne. Plaisirs qu'on y a goûtés pendant un mois. On parle sur-tout d'une longue soirée qu'on a passée à sa fenêtre à respirer le frais et à contempler

le ciel étoilé. Idées sublimes qu'a fait naître ce magnifique spectacle. Est-il vrai que les planètes soient autant de mondes habités. Quels sont ces habitants ? etc.....

37. Voyage de Paris à Saint-Cloud par eau, et retour par terre.

Partager ce sujet en deux lettres.

La première contiendra le départ par le coche. Moment du départ. Caricatures parisiennes. Lieux qu'on laisse à droite, à gauche. Arrivée. Parc. Château. Dîner, etc.

38. La seconde comprendra le retour. Pont de Saint-Cloud. Avant d'entrer dans Boulogne, se retourner pour voir le bourg de Saint-Cloud. Le palais, le parc. Un mot de *Jacques-Clément*. Foire qui se tient dans le parc. Le bois de Boulogne. Abbaye de *Long-Champ*. Passy. Le couvent des *Bons-Hommes*, etc.

39. Voyage au Jardin du Roi.

40. Promenade à Vincennes. Le château. Le parc. *Saint Louis*. Autres souvenirs. Retour. Visite de la manufacture des glaces dans le faubourg Saint-Antoine.

41. Guillaume-le-Conquérant débarque en Angleterre. Il brûle sa flotte. Son discours à ses soldats.

42. Célébrer la générosité et le courage de
la comtesse de Nithsdale. Son mari, compris
dans une conspiration contre Georges Ier,
devoit périr sur un échafaud. Sa femme ob-
tint la permission de lui dire un dernier adieu.
Elle changea d'habillement avec lui, et demeura prisonnière à sa place. On la mit en
liberté, parce qu'on ne put s'empêcher de
rendre justice à sa vertu.   (MILLOT).

FIN.

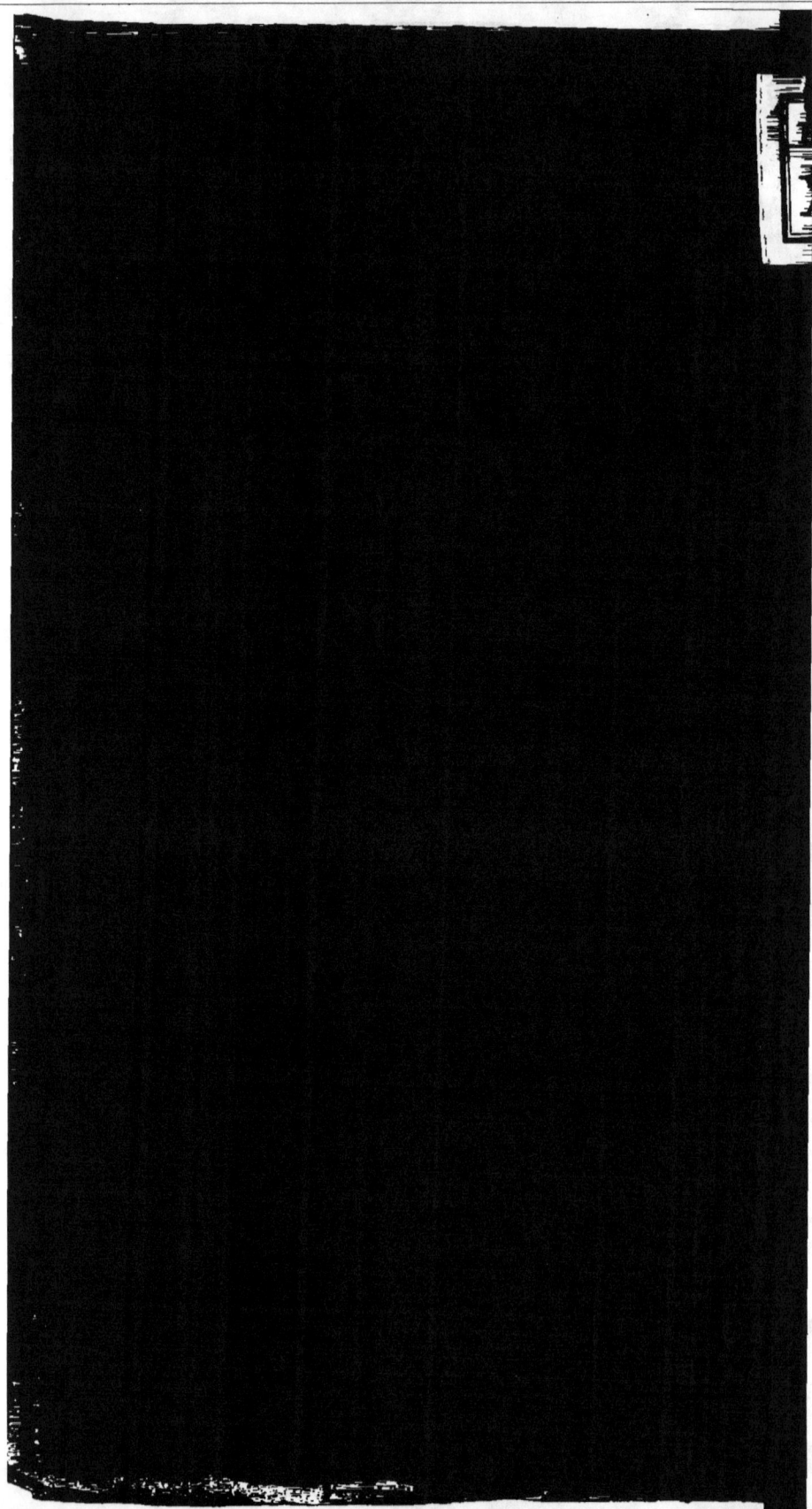

www.ingramcontent.com/pod-product-compliance
Lightning Source LLC
Chambersburg PA
CBHW072230270326
41930CB00010B/2068